対話・心の哲学
京都より愛をこめて

冨田恭彦

講談社現代新書

1817

はじめに

「心の哲学」の分野で、西洋近世哲学史から学ぶことは、実に多くあります。例えば、私たちは、よく、自分の意志でこうしたと言いますよね。それはまるで、これをするぞという「意志」として意識されるものが原因となって、なにかがその結果生じたみたいな言い方です。でも、十九世紀後半のニーチェは、私たちが意識する意志なんてまるで表面的なもので、その前に、われわれを形成している小さな生命体の複合的統一体としての身体が、すでに行動しているのだと言います。一見荒唐無稽《こうとうむけい》にも見えるこの発言は、しかしながら、私たちが、十七世紀に「細胞」と名づけられたものの集合体であり、意識活動でさえも、細胞やそれが形成する器官などの小さな生命体の集まりがもたらす結果であるということに思いを致せば、さほど理解しがたいものではありません。

今風に言えば、私たちは意識を持っていますが、それは、いわば、コンピュータのディスプレイのようなものです。本体は、脳という高性能のCPUを含む、身体全体です。その全体の動きが、ある場合には「意志」として意識される。そう考えると、結果として意識されるだけの「意志」が、行動の原因であるはずがないのです。もちろん、物質をある種の「現象」であり「未知の事象を表す」ものとするニーチェは、私たちの生理学的知識を文字通りに受け取ることを是としたかどうか、微妙なところはあります。ですが、彼が、例えば、解剖学者のヴィルヘルム・ルーから多くを学んだことは、一八八三年の「遺された断想」が、これを証明しています。

さて、ニーチェは、心や意識や主観と言われるものからすべてを捉えようとした西洋近世の主観主義を受け入れませんでした。その主観主義を準備したのは、フランスのルネ・デカルトでした。すべてが存在しなくても心だけは存在する。デカルトのそうした主張は、ニーチェにとって、笑うしかないものでした。ところが、実におもしろいことに、そのデカルトとニーチェには、ある共通するものがありました。それは、右に述べたことからおそらく納得していただけると思いますが、どちらも、科学を軽んじるという意味での「思い上がった」哲学者では、決してなかったのです。

デカルトは、新たな科学運動を推進しようとする、十七世紀前半に活躍した最先端の科学者でした。そして、自分が開拓した自然学（自然科学）の基礎を固めるためもあり、形而上学（第一哲学）に属する分野の研究を行いました。そこにおいて、彼は、先ほどのように、すべてがなくても私の心は確かに存在すると考え、それを土台として、全学問の再構築を目指したのでした。これが、すべてを心ないし意識ないし主観の側から見ようとするヨーロッパ近世の主観主義の始まりでした。ところが、実のところ、そのような考えには、自然学に属する見解が、重要な支えとして機能していたのです。

デカルトは、存在する自分の心から、心の外へと出て行くために、心の中の「観念」なるものを頼りとしました。ところが、デカルトが近代的な意味合いで使い始めたこの「観念」という言葉自体が、自然学の分野における彼の考え方に、その論理的基盤を持っていました。そして、同じことが、十七世紀後半に活躍したジョン・ロックの場合に、よりいっそう顕著に認められるのです。

科学を軽んじることなく哲学する。この共通の姿勢にもかかわらず、デカルトやロックは、心の中の「観念」重視という、ニーチェとはいわば逆の方向から、様々な問題にアプローチします。ヨーロッパ近世のこうした「観念」重視の心の哲学に焦点を当て、それをどう読むべきかを、自然学との関係において明らかにする——これが、本書のねらいとするところです。

第一章「おまかせのデカルト」では、デカルトの基本的な考えを一から見ていきます。今言いましたように、彼は、自然学を基礎づける自らの形而上学の中で、心の中から外に出るために「観念」を用いるのですが、この観念をめぐる見解がいかなる意味で自然学的性格を持っていたかを明らかにすることが、ここでの最重要ポイントとなります。

デカルトの「第一哲学」における考えは、私たちに様々な考え直しのきっかけを与えてくれます。第二章「そして京都」では、二十世紀の代表的哲学者の見解のいくつかを取り上げ、それをデカルトとつき合わせてみます。クワインの「全体論」的見解、「真理の対応説」をめぐるデイヴィドソンの議論、マルティン・ブーバーの「我と汝」についての見解。これらと対比したとき、デカルトの思想からさらに何が見えてくるかをここでは考えます。

ところで、観念は、心の在り方でありながら、なにかを表しています。「観念」のこの特徴的性格は、中世の「志向」および十九世紀以降の「志向性」のそれと軌を一にするものですが、これについてもここで考えておきたいと思います。

第三章「これがロックです」では、自然学との関係がいっそう際立っているロックの見解を検討します。

「第三のもの」を導入するクワインの立場をデイヴィドソンが懐疑論的と見たのと同じように、ロックの観念に関する見解もまた懐疑論的であるとされ、観念を物と心との間に入れることによって物に関する知識を不可能にすると言われ続けてきました。しかし、このようなロック理解は、ロックの提示する観念の論理を、明らかに捉えそこなっています。

この点を明確にすることが、第三章の課題です。

第四章「なにかが変わった」では、ロック以後、観念（もしくは表象）をめぐる議論がどのように変質していったかを、バークリ、ヒューム、カントを取り上げて、見ておくことにします。また、それに先立ち、ライルのデカルト批判を手掛かりとして、デカルトやロックの「心の哲学」と現代のそれとの関連を確認し、「観念」をテクニカルタームとする西洋近世哲学の刺激の一端を、確認しておきたいと思います。

観念や表象を重視するタイプの心の哲学を「観念説型心の哲学」と呼ぶことにしますと、こうした観念説型心の哲学の形成と変質のプロセスは、ある重要な事柄を私たちに気づかせてくれます。それは、絶対的確実性を持つ知識を基礎にしなければならないというデカルトの考えや、科学の可能性と限界を明らかにするために科学を超えた学問としての哲学を構築しなければならないというカントの考えですら、実はその根底に、その時代の暫定的な科学的思考が機能していたということです。このことは、現代の基礎づけ主義の是非をめぐる議論に対して、ある明確な方向づけを与えてくれます。第五章「基礎づけ主義再考」では、これを主題とすることにより、現代の心の哲学の主要なルーツであるヨーロッパ近世の心の哲学が、今日のわれわれに何を示唆するかを明らかにするよう努めます。

第五章では、まず、科学を解明するのに科学を用いる「自然主義」の考え方を取り上げ、フッサールとクワインの相対立する立場について考察します。そして、クワインの延長線上にあるローティの「自文化中心主義」を論じたあと、絶対的真理をめぐるいくつかの問題について、検討を行います。そして、最後に、語彙の複数性についてのローティの考えを取り上げます。われわれの生き方が偶然的なものでありながら、なぜ「なんでもいい」にはならないのか。基礎づけ主義と決別しながら現状と格闘し続けるローティの見解に一つの範を求め、絶対主義でも相対主義でもない生き方についてここでは考えてみます。

こうして、本書は、前作『観念論ってなに？──オックスフォードより愛をこめて』（二〇〇四年）に続いて、西洋近世の「観念説型心の哲学」の論理を究明しようとするものですが、それを通してさらに「基礎づけ主義」の成否を問うという、現代哲学の最重要課題に答えようとするものでもあるのです。

基礎づけ主義とは、私たちの考えは絶対に確かな知識に基づいていなければならないとか、私たちの思考が健全であることの絶対的保証が与えられていなければならないとする考え方です。とすると、デカルトやカントの観念説型心の哲学は、基礎づけ主義的性格を典型的に示した近代の哲学にほかなりません。現象学の創始者であるフッサールが、デカルトを引き合いに出して自らの立場を擁護し、カントが使った「超越論的」という言葉を自身の現象学を形容する言葉として用いたのも、現象学が彼らの基礎づけ主義的性格を受け継いでいることを意識してのことでした。そして、こうした基礎づけ主義的立場は、多くの人々の目に、魅力的なものに映ったのです。

しかし、基礎づけ主義は幻想ではなかったのか。われわれは本当に絶対的真理（や自分たちの考えを正しく規制する絶対的基準）を手にし、それに従って生きることができるのか。こうした問いが、二十世紀の哲学の流れの中で、様々な仕方で提起されるようになりました。もし基礎づけ主義が私たちの知の在り方を捉えそこなっているとしたら、私たちは、絶対的真理ではないものをそれと思い込んで生きることを、基礎づけ主義に強要されていることになります。しかし、もし基礎づけ主義がこうした欺瞞《ぎまん》的な立場であるとすれば、それにとってかわるのは、なんでもありの相対主義であるように見え、このことが、今日の哲学の大きな問題となっているわけです。

しかし、先に言及しましたように、基礎づけ主義者の典型とされているデカルトですら、自然学をはじめとする絶対的確実性を持つとは言えない様々なものを支えとして思考を進めているのです。したがって、まずこれを確認し、その延長線上で以後のヨーロッパ近世の心の哲学の動向を捉えようとする本書の私の試みは、明らかに、基礎づけ主義への挑戦にほかなりません。その意味で、本書は、生島シリーズ第一作『哲学の最前線——ハーバードより愛をこめて』（一九九八年）の続編でもあり、そこで論じた反基礎づけ主義の立場を歴史的に確認しようとするものでもあるのです。

前作『観念論ってなに？』でも、「今日の基礎づけ主義、相対主義、反相対主義をめぐる議論は、今日的社会問題に答えるための不可欠の議論」（四頁）であると、その「はじめに」で述べました。絶対確実なものを手にしなければ、世の不幸はなくならないという思いが基礎づけ主義の根底にあるとすれば、この思いは、自分（たち）が正しいと思っているものこそが、その絶対確実な真理であるという思い込みへとすぐに転じる傾向を、常に持っています。こうした思い込みは、意見を異にする者を抑圧し、共に生きるための基盤を破壊してしまいます。この具体例は、日々私たちが目にしているとおりです。

デカルトの見かけ上の基礎づけ主義的方向性が、多くの人たちを悪しき思い込みへと導いたとするなら、本書で私は、デカルトが本当は何であったかを示し、人間の思考の別の在り方を提示したいと思います。この在り方は、本書最終章で、現代社会の問題へと接続します。本書が帰結としてもたらすものは、右に言及した生島シリーズ第一作とあわせてお読みいただければ、より一層明瞭に理解していただけるものと思います。

デカルトに続けてロックを論じ、最終的にカントを否定的に扱うのも、すべて、基礎づけ主義の思い込みを解くためにどうしても一度はやっておかなければならないことなのです。

読者への便宜を図るため、各章の最後に「解説」をつけました。そして、参考になりそうな文献のいくつかを、それぞれの解説の中で挙げさせていただきました。お役に立てば幸いです。

本書は、生島シリーズの前二作同様、対話篇のスタイルを採用し、椎名ゆかりとラルフ・シュプリンガーと生島圭との間で話が進みます。

まずは、ゆかりが生島たちと出会うところから、話を始めることに致しましょう。

目次

第一章　おまかせのデカルト

ブリティッシュ・ライブラリー

「あのー、もしかして日本の方ですか？」

突然の日本語に、生島が顔を上げると、端正な小顔に長い髪がよく似合う、二十歳前後の小柄な女性が、テーブルの向こうに立っている。ところはブリティッシュ・ライブラリー（大英図書館）の閲覧室。生島は、学会でロンドンに来たついでに、若いドイツの友人と調べものに来て、ちょうど一段落したところであった。

「はい、そうですが」

「ああ、やっぱりそうでしたか。ごめんなさい、突然声をおかけして。つい日本がなつかしくなったものですから」

「あなたは？」

「ああ、申し遅れました。椎名ゆかりと申します」

「もしかして、留学生さん？」

「はい。交換留学の制度を利用して、ロンドンの大学に来ています。出身は東京ですけど、大学は京都です」

「ああ、あなたも京都の大学からですか。それは奇遇ですね。僕もそうなんです。学会で、こちらに来ているんですけどね。

それはそうと、僕の名前は生島圭。大学で哲学を教えています。で、こちらのハンサム君は、ベルリン大学の講師をしているラルフ・シュプリンガーさん」

「よろしくお願いします」

「よろしく」

三十過ぎのラルフは、ちょっと恥ずかしそうなそぶりで、ゆかりと握手をする。

「そうですか。留学中ですか。いいですね」

と生島。

「でも、もうあとひと月で、帰国です」

「ああ、それだと、もう少しいたいというところじゃないですか?」

「はい。一年近く経って、やっと慣れたかなあと思ったら、もう帰国です。でも、そう思いながらも、なんだか日本がなつかしくて」

「わかりますよ。僕にも経験があります。

あ、ところで椎名さんでしたね、僕たちは調べものが一段落したので、下のカフェテラスでお昼をというところなんですけど、よかったらご一緒にいかがですか?」

「あ、いいんですか? じゃあ、お言葉に甘えて」

というわけで、三人は、エレベーターで（じゃなくてイギリスだから「リフト」で）下の階にあるカフェテラスに向かった。

「今日は僕が持ちましょう。お好きなのを選んでください」

「え、いいんですか？　そんなことをしていただいて」

「どうぞご遠慮なく。これもなにかのご縁ですから」

三人は、それぞれに食べるものと飲み物をカウンターで受け取り、生島が気前よくみんなの分を払って、テーブルについた。

「椎名さんは、何がご専門なの？」

と、生島がゆかりに尋ねる。

「私はもともと英文学専攻なんですけど、実は哲学に興味があって……」

「へえ、そうなんだ。僕もそうだけど、こちらのシュプリンガー先生も哲学がご専門でね」

「ああ、そうなんですか。

ところで、お二人とも、ロンドンには学会でおいでになったんですか？」

「ええ。シュプリンガー先生とは、メールではときどきやりとりをしていますが、会うのは、そう、二年ぶりかな」

「そうですね。それくらいになりますね」

「で、ロンドンにいる間に、二人でちょっと調べものをしておこうというわけで……」

「それで大英図書館に……」

「そう。椎名さんは？」

「私は、日本に帰る前に、西洋近世の哲学の歴史を調べたくなって、それで、ここに来てみたんです」

「それって、デカルトとかロックとか？」

「はい。特に『観念』という言葉が気になって。でも、興味はすっごくあるんですけど、どうしていいかわからなくて」

「ああ、そうなんだ。それだったら、このシュプリンガー先生、お薦めですよ。デカルトに詳しいから。ね、ムッシュー」

「え、僕がお薦めなんですか？」

とラルフは、ちょっととまどった様子である。

「今度の学会でも、デカルトをどう理解するかで、鋭い議論をしてたじゃない」

「鋭いかどうかはともかく、デカルトの思想が、ここしばらくの僕の最大の関心事ではありますけどね」

「じゃあ、決まりだ。椎名さん、シュプリンガー先生は、これから三時過ぎまで時間が空いていて、一人でどうしようかと困っていたところなんです。僕はちょっと別の用事で、ロンドン大学に行かなくちゃならないのでね。彼はすごく綺麗な英語を話しますから、彼に入門レクチャーをしてもらったらどうかな」

「え、でも、シュプリンガー先生、いいんですか？」

「ああ、僕でよければいいですよ、フロイライン。じゃあ、そうしましょうか」

「それがいい。でも、その前に、これを食べてからね」

なぜかイデア論

昼食をすませた生島は、二人を残し、大きなショルダーバッグを肩に、大英図書館を出た。

ゆかりとラルフは、紅茶を新たに用意して、デカルトの話に入った。

「では、始めましょうか」

「お願いします」

「突然だけど、椎名さん、イデア論っていうの、知ってるかな？」

「高校のときに一応聞いたんですけど、もう一つよくわかっていません」

「実はね、日本人が『観念』と言っているもとの言葉は、ヨーロッパで長く公用語だったラテン語で言えば、『イデア』でね、そのもとは、ギリシャ語の『イデア』（イデアー）なんです。そこで、デカルトの話に入る前に、イデア論についてちょっと考えておくと、なにかと都合がいい」

「イデア論って、プラトンですよね」

「そう。紀元前四二七年に生まれ、三四七年に亡くなった、アテナイ（つまりアテネ）の哲学者でね。彼は尊敬するソクラテスが紀元前三九九年に死刑になって、一時国外に出、帰国したのちに学校を創るんです」

「アカデメイアのことですね」

「そうそう。そのプラトンの考えとして、イデア論というのが今日まで伝わっているんですよね。彼が書き残した対話篇に出てきます。

そのイデア論なんですけど、そうですね、椎名さんは、いろいろなものに出会って、美しいと思ったりしますよね」

「はい。美しい風景とか、美しいメロディーとか……」

「とすると、椎名さんは、美しいということがどういうことかを、それなりに知っているわけですよね」

「え、ああ、それはそうですね」

「ところが、美しいってどういうことか、美とは何か、そうストレートに問われると、どうでしょう。答えにくいですよね。だから、それなりにというわけです」

「ああ、はいはい」

「つまり、個々の美しいものとは別に、椎名さんは、美そのものがどういうものかが、それなりにわかっているということです」

「そうですね」

「その美そのもの、これをまたプラトンは、『美のイデア』というふうに、『イデア』という言葉を使って言い換えるんです」

「ああ、わかりました。『イデア』というのは、そういう使い方をするんですね」

「そうです。

じゃあ、ほかの例でも考えてみましょう。今度は椎名さんの方で例を考えてもらえますか？」

「そうですね。……例えば、いろいろな人の行いを見て、『勇気がある』と思うとしますよね。その場合、私は勇気そのものがどういうものであるかをそれなりに知っている。つまり、勇気のイデアをそれなりに知っているというわけですね」

「はい。なかなかいいですね」

「それから、いろいろなものに出会って『火だ』とか『水だ』とか思うとすると、私は火や水のイデアをそれなりに知っている」

「そういうことです。それでわかりましたね。プラトンの『イデア』の使い方は、そういうものなんです。だけど、『それなりに』というのを、僕は強調しましたよね。ということは、完璧な知識を持っているわけじゃない。そこで、イデアを究めるよう、学校教育が行われることになります」

「ああ、それで、イデアを究めた人に、政治家になってもらおう、だったかな。高校ではそんなふうに習ったような気がします」

「そうそう。教科書では『哲人政治』なんて言われていたと思いますけど。で、そんなふうに、『イデア』の使い方に慣れたら、今度は、プラトンの場合、イデアは、個々のものとは独立に存在していると考えられていたことを、知らなくてはなりません」

「例えば個々の美しいものとは別に、美のイデアがどこかにあるというわけですね」

「そう。イデアが存在するところをよく天の彼方の『イデア界』なんて言ったりするけど、プラトンは神話（ミュートス）的な語り方しかしないから、もう一つはっきりしない。

でも、とにかく、イデアは個々のものから離れて、別に存在する。だから、イデアの『離在（コーリスモス）』なんて言うんです。それから、個々のものを見て美しいと思うことは、すでに知っている美のイデアを思い出すということで、これをイデアの『想起（アナムネーシス）』なんて言ったりね。それから、個々の美しいものは、美のイデアを分かち持っていると考えられる。そこで、イデアが『分有（メテクシス）』されているなどとも言うんです」

「イデアについてのテクニカルタームが、いろいろあるんですね」

「そう。それとね、もう一つ押さえておかなければならないことがあります。それは、今、イデアの『分有』ということを言いましたよね。プラトンによれば、この世界の個々のものは、世界の造り主としての『デミウルゴス』なるものが、イデアを見やりながら、それに合わせて造ったものなんです」

「キリスト教の神様みたいですね」

「そう。でもね、キリスト教の神は、無からこの世界を創造したことになっているけど、プラトンのデミウルゴスは、すでに存在している無秩序なものに秩序を与えるという仕方で世界を造ったことになっていて、そこがそもそも大きく違うんですよね。

でも、それはともかくとして、イデアというのは、つまりは、ものごとの模範的な在り方で、つまり、この世界の個々のものが作られるときのモデル、あるいは理想型なんです。だから、イデアを『範型（パラデイグマ）』などと言います」

「なるほど」

「そこで、椎名さん、このプラトンの考えがキリスト教と結びついたらどういうことになるか、わかりますか？」

「え、キリスト教と結びついたらですか？」

「はい」

「あ、神様がこの世界を創るときの個々のもののモデル、理想的なプラン、ええと、『範型』、ですよね、そのようなものとして、イデアが扱われることになるわけですね」

「そのとおり。で、こうなると、どこか『イデア界』なるところにあるとされたイデアが、神の心の中にあることになります」

「つまり、心の中のイデアに合わせて、神様はいろいろなものを創造したということですね」

「そうそう。いいですね？　ポイントは、イデアが神の心の中に位置づけられたというところです」

「イデアの存在する場所が、神様の心の中になったんですね」

「そうです。ところが、それからずっとあとになって、十六世紀になると、神じゃなくて、人間の心の中の考えなんかも、『イデア』と呼ばれたりするようになります」

「ああ、神の心から、さらに、人間の心へと移行するわけですね」

「はい。そして、一方では、それでも『イデア』がプラトン的なある理想的範型を意味するものとして使い続けられるという線は残るんですけど、デカルトがこれを明らかに新たな仕方で使うようになるんです」

「『イデア』の新たな使い方ですか」

「そう」

ルネ・デカルト。一五九六年に生まれ、一六五〇年に亡くなった、フランスの科学者・哲学者である。

デカルトの「観念」

「デカルトは、どんなふうに『イデア』という言葉を使うんですか」

「一方では概念を『イデア』と呼んでいます」

「え、『概念』ですか?」

「そう。わかりにくいですか? そしたら、こうしましょう。

椎名さんは、例えば『存在する』ということがどういうことか、わかっていますよね」

「はい。いろいろなものに出会って、それらを存在すると思いますから。

あれ、さっきのイデア論と同じですね」

「ははは。まあそれはそれとして、椎名さんは存在ということを知っている。でも、存在というのは、色や味みたいに、五感で感じられるようなものじゃないですよね」

「ああ、それはそうですね」

「五感で感じるようなものじゃないけど、わかっている。そんな場合に、椎名さんは『存在の概念』を持っているなんて言うんです。

それから、ここに四角いテーブルがありますよね。見たら四角形です。四角形だとわかりますよね。ということは、四角形がどういうものか知っているわけで、その場合も、『四角形の概念』を持っていると言います。でも四角形の概念は、目に見える、感覚される四角形の形とは違って、それ自体は目で見たりできるものじゃありません」

「わかっていると言うしかないようなものですね」

「そう。でも、四角形が四つの直線で囲まれた平面図形だということを、椎名さんは知っていますよね。つまり、四角形の概念を持っているわけです」

「先生のおっしゃる『概念』という言葉の使い方、わかってきました」

「グート。じゃあ、さっきの話に戻りますけど、デカルトは、そのような『概念』と呼んでいいようなものを、『イデア』と呼ぶんですけど、それだけじゃない。彼の『イデア』の用法は、もっと広くてね。

例えば、はい、この本の表紙を見てください」

そう言って、ラルフは、手許の本を、ゆかりに見せた。

「見ました」

「じゃあ、目を閉じて、この本を思い出して、心の中でそのイメージを描いてみてください」

「その本のイメージを思い描けばいいんですね」

「そう」

「はい、できました」

「今椎名さんが記憶によって思い描いたイメージですが、それも、デカルトは、『イデア』と呼ぶんです」

「じゃあ、なにかを想像した場合でも、それがイメージとして想像されている場合には、『イデア』と呼んでいいわけですか？」

「そのとおりです」

「そうすると、なんだか、心の中にあると言っていいようなものを、みんな、『イデア』と呼ぶみたいですね」

「あ、その感じです。だから、椎名さんが今見ている色や聞いている音も、『イデア』なんです」

「あ、はい。……えっ、それはないんじゃないですか？」

「どうして？」

「今、私、『心の中にあると言っていいようなもの』って、言いましたよね」

「はい」

「色や音は、心の中にあるものじゃありません」

「ああ、それは、そのとおりです、日常的にはね」

「え、ということは、先生、デカルトは、私たちが感覚している色や音なんかも、心の中にあるものだと考えているんですか？」

「そのとおりです」

「えぇー？　……どうして色が心の中にあるんですか？」

「それがですね、色って、物に光があたって、その光がはね返って、眼球の網膜に達するんですよね。詳しいことはそのうちに話すことになると思いますが、それで刺激がさらに脳にまで達して、その結果心の中で感じられるものだと、デカルトは考えるんです」

「ああ、刺激が目からさらに脳に与えられて、その結果、心の中で色が感じられているというんですね。わからなくはないです。ということは、私たちが五感で感じているものも、記憶や想像によって思い描かれるイメージと同じように、心の中にあるというわけですね。だから、『イデア』なんだ」

「そのとおり。でね、このデカルトの『イデア』の用法は、なんらかの理想型を表していたイデアというのとはかなり違って、心の中にあるものがみな『イデア』と呼ばれると言ってよさそうな使い方ですよね。そこで、このデカルト的な『イデア』を、日本では、もともと仏教用語だった『観念』という言葉で訳すことになったって、生島先生から聞いています」

「なあるほど。それで『観念』なんですね」

「そうなんです。で、問題は、まずは、このデカルトが、どのような脈絡でこの『観念』なるものを使ったか、ですね」

そう言って、ラルフは、紅茶を一口飲んだ。

形而上学ってなに？

「あのー、私、デカルトは、はじめてじゃないんですけど、まだよくわからないんです」

「ああ、全然大丈夫ですよ。基本から始めましょう」

「よろしくお願いします」

「まずは、このあたりから。彼は、あらゆる学問の基礎となる学問を、『形而上学』と呼ぶんです」

「それって、アリストテレスの書き物の名前と同じですよね」

「そう。もともと、アリストテレスの一群の書き物につけられた名前です。アリストテレスは、様々な学問のうちの一番重要なものを『第一哲学（プローテー・ピロソピアー）』と呼ぶんですけど、この第一哲学が、ある偶然から、のちに『形而上学』と呼ばれることになります」

「その『ある偶然から』というのは、何ですか？」

「アリストテレスの書き物は、彼の死後、事情があって、ある洞窟に隠されたんです。それが、ずっとあとになって、たまたま発見されることになった。これを、紀元前一世紀に、ロドスのアンドロニコスという人が編集したんですけど、そのとき、アンドロニコスは、アリストテレスのある著作群を、自然に関する書物（タ・ピュシカ）のあとに置いたんです。

『あとに』を表すギリシャ語は『メタ』。それで、その著作群は、『タ・メタ・タ・ピュシカ』と呼ばれることになった。ギリシャ語の冠詞を外して『メタピュシカ』です。ところが、位置関係を示すこの『メタ』という言葉が、のちには、『超えた』という意味で理解されるようになるんです」

「つまり、自然を超えた対象を扱う著作、ということですか？」

「そう。

でね、このアリストテレスの『形而上学』は、存在者一般、あるもの一般を扱うものだった。デカルトも、これに倣って、存在と認識を扱う自分の基礎学を、『形而上学』もしくは『第一哲学（プリーマ・ピロソピア）』と呼ぶんです」

「はいはいはい。ギリシャ語だと『プローテー・ピロソピアー』、ラテン語だと、『プリーマ・ピロソピア』なんですね」

「そうです。それで、この形而上学の土台の上に、彼は、学問を再構築しようとします。具体的には、形而上学の上に自然学が構築され、その自然学の上にさらに医学や機械学や道徳をはじめとする諸学が構築されることを、彼は求めるんです」

「形而上学がすべての学問の基礎になるわけですね」

「そうそう。そのとおりです。もろもろの学問には、基礎の基礎がある。医学と機械学と道徳は、自然を扱う自然学に基礎を持ち、その自然学は、さらに形而上学によって支えられるというわけです。

このような、基礎のさらに基礎固めとして、形而上学が構想され、その形而上学内部でも、同じように、絶対的確実性を持つとされるものから、順次、確かなものが積み上げられていくという形を採ります。だから、こうした二重の意味で、デカルトの考えは、いわゆる『基礎づけ主義』の立場を典型的に示していると見ることができるわけです」

「基礎づけをちゃんとしなきゃ、という立場だから、『基礎づけ主義』なんですね？」

「ええ、そのとおりです。

ところで、このように、学問というのはしっかりした基礎から順次構築されていくべきものだとする考え方を、『建築ブロック説』とか『積み木説』とか言ったりもします」

「ああ、まず、しっかりした土台を構えて、その上にしっかりとブロックを積み上げて、学問を作り上げていく。そういうイメージですね」

「そうそう。だけど……」

「え、なにか問題があるんですか？」

「実は、デカルトの場合、基礎づけ主義的方向性の蔭に隠れて、もう一つの面があると考えられるんです」

「え、何ですか、それは？」

「自然に関する学問である自然学が、実は、形而上学の思考の内に、深く入り込んでいたんです」

「え、ということは、形而上学が自然学その他の学問の基礎を与えようとする一方で、その反対に、自然学が形而上学に入り込むという、ある種の循環的な二重構造がデカルトにはあったということですか？」

「そう。ある種のね。だけど、椎名さんにこれからしっかりと確認してほしいのは、その『循環』ということじゃありません。そうじゃなくて、自然学的発想が形而上学の構築に重要な方向性を与えたこと、特に、彼が形而上学で使用している『観念』という言葉の論理を理解するには、自然学に属する見解を見る必要があるということなんです」

すべてを疑う

ラルフは、紅茶を一口飲んで、さらに話を続ける。

「デカルトが、形而上学ないし第一哲学において、これまで信じてきたことをすべて疑ってみたというのは、聞いたことがありますか？」

「はい、一応は。でも、詳しいことは、わかりません」

「じゃあ、順を追って話すことにしましょう。

デカルトは、一生に一度はすべてを疑ってみて、少しでも疑わしいものは、偽であると決めつけるくらいの強い態度でことにあたろうとします。ある意図があってわざわざすべてを疑ってみるわけですから、彼のこの疑いは『方法的懐疑』と一般に言われています。

だけど、何のためにすべてを疑うなんてことをするんでしょうね？」

「もしかして、絶対に確かなものを確保したいからですか？」

「そうです。そのためには、少しでも疑わしいものは、捨てようとするんです」

「でも、一つ一つ疑っていると、きりがないですよね」

「そうですね。だから、デカルトは、これまで正しいと思ってきたものを、二つに分けることにします。一つは、感覚を通して知られる経験的知識。そして、もう一つは、数学的知識です」

「経験的知識と数学的知識、ですね？」

「そうです。デカルトがそういう言い方をしているわけじゃないんですけどね。

で、経験的知識というのは、正確に言えば、感覚から直接受け取った知識と、間接的に感覚を介して（つまり人から聞いて）受け取った知識のことなんですけど、こうした知識は、二つの理由から疑わしいと、デカルトは考えるんです。一つは、これまでわれわれは感覚によって欺かれたことがある、ということなんです」

「つまり、見間違い、聞き間違いなんかをしたことがあるということですね？」

「そうそう。だから、感覚によって得た知識は、絶対確実とは言えないというわけです」

「でも、私が今ここにこうしているとか、こんな服を着て、私の手がこんなふうにあるとかいったことは、見間違いとは言えないような気がしますが」

と、ゆかりは目の前に手をかざして言う。

「そうなんです。そこで、デカルトは、経験的知識を疑うに足るものとするもう一つの理由を挙げるんです。それは、覚醒と睡眠の明確な区別がつかないというものなんですけど」

「それって、夢と現実の区別がつかないということですよね。はいはい。……でも、今は夢じゃなくて、現実ですよね」

そう言って、ゆかりは、自分の頬をつねってみる。

「あ、やっぱり夢じゃないです」

「はいはい、よかったですね。だけど、夢の中では、たいてい、これは現実だと思っているんじゃないかな」

「うーん、それはそうですね」

「デカルトが言うには、夢の中でも、これは現実だと思っている。としたら、今が現実で、自分は目覚めていると思っていても、『なんだ、夢だったのか』といずれ気がつく可能性は捨てきれない。そういうわけで、デカルトは、経験的知識を、すべて疑うことができると考えるんです」

「つまり、偽として捨て去るわけですね。はい。一応、わからなくはないです」

「それはよかった。

ところで、こうして経験的知識を捨てるとしても、数学的知識、例えば『三角形の内角の和は二直角である』という知識なんかは、夢の中であろうが覚醒時であろうが、それには関係なく、正しいものは正しいと考えられますよね。だから、数学の場合には、先ほどのような理由は適用できないことになりそうです」

「でも、先生、私の場合、数学でも、よく間違えたりしますけど……」

「そう。椎名さんに限らず、誰でもたいていはそうですよね。そうした経験があると、今持っている数学的知識が正しいものだと思っていても、あとになって間違えていたと気づくかもしれないと思ったりして」

「とすると、数学的知識も、疑うことができる。だから、それも捨てなきゃということになるんですね。

だけど、……どうでしょう。『一足す一は二』みたいな簡単なものは、間違っていると は思えませんが……」

「そうそう。デカルト自身は、『二足す三は五』とか『四角形は四つの辺しか持たない』とかいった例を挙げています。こうしたものの場合には、間違えているとはとても考えにくいですよね。ところが、デカルトは、ここで、ある意味ではとんでもない理由を挙げるんです。

当時の西洋の話だから、わかってもらえると思いますけど、神がわれわれを創ったという考えが、広く持たれていました。デカルトは、これを使って、もし神がわれわれを創ったとして、その神が悪い神だったら、つまり、本当は間違えているのに、正しいと思い込むようにわれわれを創ったとしたらどうだろうと言うんです。つまり、『欺く神』(もしくは『悪い霊』)というものを、想定するわけです」

「それは確かに、とんでもない理由ですね」

「でも、どんな理由でも、ともかく知識の正しさを疑うべき理由が挙げられるなら、その知識は捨てられるべし、ですからね」

「そうすると、すっごく簡単な数学的知識の場合でも、疑わしいことになって、それで、結局、そうしたものも、偽なるものとして捨てられることになるわけですね」

「そうそう。

そういうわけで、デカルトは、結局のところ、なんにも信じるべきものを持たない状態に、自らを置くことになります。天も空気も地も、色も形も音も、外的なものは一切信じるに足りず、自分には手や目はもとより、体すべてがなく、それらがあると思い込んでいるだけだと言うんです」

「この世界全体について、その存在を拒否するわけですね」

「そうです。そして、数学的知識もすべて拒否する。つまり、なにも信じられないことになります」

「大変ですね」

「そう。大変です。でも、感じは、わかりますよね」

「はい」

アルキメデスの点

「デカルトは、自分の陥った状況を、溺れかかった人に喩《たと》えています。渦巻く深みの中で、水底に足を着けることも、浮かび上がることもできない人にね。そして、そこでアルキメデスを引き合いに出すんです」

「アルキメデスって、ギリシャの自然科学者ですね」

「そう。シケリア（つまりシシリー島）のシュラクサイ（シラクサ）生まれで、アレクサンドリアで学んだ、紀元前三世紀のギリシャ人です。梃子《てこ》の原理なんかを研究した人ですね」

「梃子にする長い棒と動かない点があれば地球も動かせると言ったんですよね」

「そのとおり。そのアルキメデスの不動の一点になぞらえて、絶対に確実なものが一つでも見つかれば希望が持てると、デカルトは言うんです」

「それがあれば、溺れずにすむというわけですね」

「そうです。それで、現代哲学では、すべての拠り所となる絶対に確かな知識のことを、よく『アルキメデスの点』と言います。覚えておくと、なにかと都合がいいと思いますよ。例えば現象学を創始したエトムント・フッサールなんかも、『デア・アルヒメーディッシェ・プンクト』なんてドイツ語で言って」

「『アルキメデスの点』ですね。わかりました」

「ところが、デカルトは、はたと、あることに気づくんですけど」

「何でしょう」

「彼はいったい何をしているかというと？」

「すべてを疑っているわけですね」

「そう。自分は疑っている、というわけ。だったら……」

「だったら？」

「疑っている自分自身が存在することは、疑えないんじゃないでしょうか？」

「ああ、そっかあ。自分は疑っている。だから、疑っている自分が存在することは、疑えない。疑っている私は無ではない。そういうわけですね」

「そうそう。疑うということは、考えることの一種ですよね。だから、自分は考えている。考えているものが、考えているそのときに存在していないとは考えられない。だから、考えている自分は存在する。つまり、『我思う、ゆえに我あり』です」

「なあるほど」

「わかりました？」

「はい」

「では、ここで質問です。そうして存在することが確認された『我』って、何でしょう？」

「え、何でしょう」

「体を持ってるかな？」

「そりゃあ、持ってるんじゃないですか。あ、でも、さっき、手なんかもないことにしましたから、どうなるんでしょうね」

「そうなんですよね。経験的知識はすべて捨ててしまいましたよね。ということは、自分が体を持つという、見たり触ったりしてわかることも、信じるのをやめたんです。だから、体は持っていない」

「でも、自分って、無かというと、そうでもないですよね。現に考えているわけですから。あ、そうか、自分って、考えているものなんですね」

「いいじゃないですか、それ」

「あ、そうですか？ じゃあ、言えるのは、私は考えるもの、ですね？ ということは、つまり、私は『心』だということでしょうか？」

「そう思ってくれると話は早いです。そういうわけで、デカルトは、心としての自分が存在するということこそが、絶対に疑うことのできない確実なことだと考えたんです。そして、これをすべての知識の新たな出発点にしようとします」

「すべてが疑わしくて、偽として捨ててしまった。つまり、心の中を、大掃除してしまうんですね。ところが、にもかかわらず、『心としての私が存在する』ということは、疑えない絶対確実な知識である。そして、それが、すべての知識の基礎となるわけですね」

「そういうことです。

というわけで、デカルトは、そんなふうにして、すべての知識を切り捨てていき、最後に、心だけを残すことになります」

「なあるほど」

観念が脱出口

「でも、先生、それだと、心の中に閉じこもってしまって、学問の再建どころじゃないような気がしますが」

「つまり、すべては疑わしいけど、私の心だけは確かに存在しています。めでたしめでたし、ですか？　……それはないんじゃ？」

「ですよね。でも、心しか認めないわけですから……」

「そこで、ラテン語で『イデア』と言われるもの、つまり、『観念』が、登場するんです」

「あ、そうなんですか。……でも、登場するって、どこから登場するんですか？」

「もともと疑うことを始める前から心の中にあったんです」

「え？」

ゆかりは納得できない様子である。それを察して、ラルフは言葉を続ける。

「つまり、すべてを疑って、信じるのをやめたからといって、心の中が空になったわけじゃない。椎名さんがデカルトだとしたらどうでしょう。自分の心が存在することしか確かじゃないとしても、相変わらずいろいろなものが見えたり、音が聞こえたり、なにかをふと考えてみたりしますよね」

「ということは、そんなふうに、見えたり聞こえたり考えられたりするものが、『観念』なんですか？　あ、さっき確認したことですよね？」

「はい。デカルトは、地や天や星などを例に挙げるんですけど、これらの存在は、今は確かじゃない。まだ、疑われたままですからね。だけど、それらの観念が私の心に現れることは、否定できないと言うんです。つまり、『観念』というのは、心に現れるもののことなんです。そうではあるんですけど、デカルトは、『観念』を、『意識』とか『意識様態』とかいったふうにも言い換えるんですよね」

「とすると、例えば星の観念が心の中に現れるということは、星を意識しているということでもあるわけですね」

「そうそう。とりあえず、そういうことにしておきましょう」

「じゃあ、心は観念であふれていると言ってもいいくらいのものですね」

「そうなんです。そして、この観念が、心の中から外へ出るための通路となるんです」

「ええっ？」

「これを理解するには、観念が二つの面を持っていることを見ておくのがいいですね」

「二つの面、ですね」

「そう。観念が、心の在り方だというのは、わかりますよね」

「はい、なんとなく」

「それは、『知性の作用』とか、『思考の様態』とか言われています。その限りにおいては、どの観念にも違いがありません」

「うーん、そう言われると、そうなんでしょうけど、ともかく、デカルトはそう考えるわけですね」

「そうです。観念は、心の在り方としての面を持っているんです。ところが、その観念というのは、あるものを表すというもう一つの面を持つと、デカルトは言うんです。

『表す』と今言いましたけど、研究者の間では、『表象する』なんて言い方をします」

「表象、ですか？」

「そう。観念はなにかを表すわけです。例えば、神の観念。椎名さんは、神の観念を持っていますよね」

「はい。一応は。『神』という言葉の意味が、一応はわかっているつもりですから、神がわかっている。その意味で、神の観念を持っていると言っていいわけですね」

「そうそう。その神の観念、椎名さんの心の在り方であるには違いないですよね」

「そうでしょうね。私の心の中にあるものですから」

「ところが、その観念は、『神』を表している。言い換えれば、神を表象している。でね、この心の作用としての観念によって表象されたものもまた、表象されたものである限りにおいて、『観念』と呼ばれるんです」

「つまり、実在している神そのものとは区別して、考えられた神、それをも『観念』と呼ぶというわけですね」

「そう。一般に、心の在り方としての観念が、なにかを表している。その表されているものをも、観念と言うんです」

「わからなくはありませんね」

「OK。ところで、神というのは、椎名さんの心の在り方でしょうか?」

「いいえ、神は神です。私の心とは別のなにかです」

「その、椎名さんの心とは別の『神』なるものを、椎名さんの心の中の観念は表しているわけですよね」

「あ、ということは、私の心は、観念を介して、私とは違うなにかと繋がっているみたいですね」

「そうそう、そんな感じ。わかりますよね」

「はい」

「だけど、だからといって、そのなにかが存在していることが保証されているわけではありません。観念は、それ自身とは異なるなにかに対して、『表す（表象する）』という仕方で関わっています。だけど、まだその関わっているものが存在するとわかっているわけではないのです」

「それは、デカルトが、疑いの過程で、すべてを疑い、信じるのをやめてしまったからですね」

「そうです。その疑いを、『懐疑』と言うわけですが、その懐疑の過程での結論は、まだ効力を持ち続けています。ですから、観念がなにかを表しているとしても、その表されているなにかが存在するかどうかは、まだ証明されてはいないんです」

「あ、わかりました。そうすると、デカルトは、次には、その存在証明に取りかかるわけですね」

「そのとおり。デカルトは、神の存在証明から始めます」

神の存在を証明する

「どうして『神』なんでしょう。ああ、そういえば、さっき、『欺く神』というのが、出てきましたよね」

「うん、椎名さん、なかなかいいですよ。そうなんです。それからあとどうなるかは見てのお楽しみということで、まずは、神の存在証明から。

デカルトは、いくつかの神の存在証明を提出するんですけど、そのうちの一つは次のようなものでした。

観念は、なにかを表象していますよね。その表象されたものの中身、これをデカルトは、観念の『表現的実在性』と呼ぶんです」

「表現的実在性、ですか？」

「そう。ラテン語では、『レアリタース・オブイエクティーワ』です。今の例では、実在する神そのものじゃないですけど、表象された限りでの、神ですよね」

「言い換えると、考えられた限りでの神ということですね」

「そうそう。そして、デカルトは、それには原因が必要だと考えるんです」

「つまり、何がそのような中身を、自分の観念に持たせたか、ですね」

「そう。で、神の観念の場合、その中身は、自分の心が自分で与えたとか、物体が与えたとか考えることはできない」

「え、どうしてですか？」

「神の観念の表現的実在性、つまり、神の観念が表すものの中身というのは、どんなものでしょう」

「キリスト教の場合ですよね。全知全能、最も完全な者とか無限の者とか、そんなものですか？」

「そうそう。神は最も完全なもので、無限の存在と考えられていました。これに対して、人間の心とか物体とかは、有限の、不完全なものだと考えられています」

「ああ、そうですよね。とすると、そんな有限なものが、どうして無限の、最も完全なものの観念を与えることができるのか」

「そうそう。だから、神は必然的に存在するというわけです」

「え？」

「自分は神の観念を持っている。そのような最も完全な者などという中身を持つ観念を自分に持たせることができるのは、最も完全な者としての神以外にはない。つまり、神が存在していて、それが自分にそのような観念を持たせたという以外にはない」

「だから、神は存在するというわけですね。うーん。一応、わかるような気もしますけど」

「はい。一応でいいですよ。肝心なのは、心の中にある観念というものをもとにして、心とは別のものの存在を証明しようとする、デカルト自身のその方向性なんです」

「なるほど」

「ところで、さっき言ったように、デカルトは、神の存在証明を複数行っているんですけど、もう一つ見ておきましょう。

神の観念というのは、言い換えると、『最も完全な者』の観念ですよね」

「はい」

「だったら神は存在するしかない」

「え、どうしてですか？」

「存在しないというのは、完全であることにふさわしいでしょうか？」

「ああ、存在しないとすれば、完全性に反すると考えるわけですね。だから、最も完全な者という規定からすれば、それは存在するしかない。あ、それって、どこかで聞いたのと、よく似てますね」

「おや」

「ああ、思い出しました。確か、アンセルムスという人が行った神の存在証明でしたか」

「そうそう。よくご存じですね。確かに、今のは、そのアンセルムスの証明によく似ているんです。『存在論的証明』と言うんですけどね」

「はいはい。そうでした。確か、神というのは、それよりも大いなるものが考えられないような者のことだ。そういう定義からすると、存在しない神だと、存在する神という、それよりも大いなるものが考えられてしまいますから、だから、神は存在するしかない」

「そうそう。そういう存在証明ですね。

アンセルムスは、十一世紀の神学者ですけど、ほかにも、キリスト教では、いくつかのタイプの神の存在証明が試みられていて、そういうものと比較すると、デカルトの証明の特徴は、いっそうよくわかると思います」

「ほかには、どのようなものがあるんですか？」

「例えば、この世界はすごく秩序だったものとしてできている。この事実をもとにして、このような世界を創った者がいて、しかもそれは、すごい力と知恵を持つものでなくてはならないと結論する。こういうタイプのものが、古くからあります」

「世界の存在を前提するわけですね」

「そう。そして、それが美しく秩序だったものだということが、重要な役割を果たします」

「宇宙飛行士が、宇宙から美しい地球を見て神の存在を信じるというのと、同じタイプみたいですね」

「ああ、そうですね。

ところで、世界の存在を前提するタイプの神の存在証明にもさらにいくつかの形があるのですが、そうしたもののうちに、特に『宇宙論的証明』と呼ばれているものがあります」

「宇宙論的証明、ですか」

「そう。この世界の諸現象の間に、原因結果の繋がりがあることを前提するものです。例えば、あるものが動くためには、それを動かすものがなくてはならない。その動かすものは、それ自身が動くことによって、他のものを動かすとしたら、今度は、その動かすものを動かす、別のものがなくてはならない」

「はいはい」

「ところが、これがずっと続いて、どこまでも原因となるものの連鎖が続くというのはよろしくないと考えるわけです。無限に遡《さかのぼ》ることを『無限遡行《そこう》』と言うんですけど、無限遡行は具合が悪い。どこかで、これ以上遡れない、究極の原因となっているものがなければならない」

「ああ、それが、つまり、神なんですね」

「そう。『第一原因』とか言うんですけど、第一原因としての神が存在して、それがすべてのものを動かすと結論するんです。十三世紀のトマス・アクィナスなんかが、こういう存在証明をしています」

「なるほど」

「こういったタイプの存在証明と比較すると、デカルトのそれは、どこに特徴があるか、椎名さん、わかりますよね」

「ええと、さっきの二つの証明だと、デカルトは、あくまで、観念から出発しようとするんですよね」

「そうそう。でもなぜでしょう」

「デカルトは、この段階では、世界の存在を拒否しているんですよね」

「そうです」

「だったら、世界の存在を前提とした『宇宙論的証明』のようなタイプの存在証明は、できないわけですね」

「そのとおりです。それで、さっき紹介したような存在証明を行うことになります」

さらに物体へ

「ともかく、このような仕方で、デカルトは神の存在を証明します。そして、その上で、神が、悪い神、われわれを欺くような神ではありえないことを、さらに論じようとします」

「あ、やっぱり、欺く神を想定したことが、問題として残っていたんですね」

「そのとおりです。いくら『私が存在する』ということが絶対に確実なものであるとしても、欺く神が想定されると、これが、思考を進める上で、大きなブレーキになってしまいますよね。そこで、デカルトは、神が存在し、しかもそれが善なる神であることを、明らかにしようとするんです。でも、その議論は、椎名さんに納得してもらえるかどうか……」

「どういう議論ですか？」

「神とは何かと考えるわけです。そしたら、さっき言ったように……」

「最も完全な者、ですね？」

「そう。で、デカルトは、欺くことが、なんらかの欠陥もしくは弱さに基づくものであることは、明らかだと言うんです」

「え、どうしてですか？」

「それについてのデカルトの議論は、それで終わりなんですけど、西洋では、古くから、悪いことをするのは、何が善であるかわかっていないからだという考えがあったということを考えてもらえば、多分いいんじゃないでしょうか？」

「ああ、もしその考えが正しいとすると、神が悪い神であるなら、何が善であるかわかっていない神だということになるわけですね」

「そうそう。それだと、『最も完全な』という規定に反することになりますよね」

「一応、筋はわかります」

「それならよかった。だから、存在することが証明された神は、善なるものでしかありえない」

「とすると、私たちを欺いたりはしないわけですね」

「そうなんです。僕たちがこうだと普段思っていることが大規模に間違っているようなことはないだろう。そういうことになるわけです」

「なあるほど」

「でね、そこから、物体の存在が証明されることになります」

「え、今度は物体ですか」

「そう。でも、その証明は、要点だけだと、とても簡単です。つまり、僕たちは、様々な物体の観念を持っていますよね」

「はい」

「それって、物体を見たり触ったりして、僕らが持つようになったものだと、普段考えていませんか？」

「そうですね。感覚的な経験を通して、いろんな物体の観念を私たちは持っているんですね。木とか本とか机とか」

「そう。デカルトの言い方ですとね、われわれは『物体的な物の観念が物体的な物から送り込まれると信じる大きな傾向を持っている』といった言い回しになります」

「ふーん。……でも、そうだとしますと、神が私たちを欺いているのではない限り、物体の観念を私たちに送り込む物体自身が存在すると考えるのは、当然の成り行き……みたいですね」

「あ、そう思いますか？　それで正解です。そんなふうにして、デカルトは、懐疑から、心としての我の存在、そして、神の存在、物体の存在を証明していくことになります」

「あら、でも、それだったら、それまで彼が信じていたことを、単に整理し直したにすぎないような気がしますが……」

「ああ、そんな気がするのはもっともです。でもね、この一連の議論の中で、デカルトは、少なくとも二つの点において、懐疑以前とは異なった考え方を、打ち出しています」

「そこが重要なんですね」

「そうなんです。彼は、いったんすべてを心に還元した上で、観念を拠り所として、心の外へと出て行くことを試みるわけですよね。神とか物体とかの存在を証明して。問題は、それとともに、これまでとは違う物体の捉え方を、彼がどのように提示したか、なんです」

「え、物体の捉え方が違うんですか？」

「はい」

古くて新しい物体観

ラルフは、紅茶をもう一口飲んで、話を続けた。

「今、『二つの点において』と言いましたよね。その一つは、物体が三次元的な『拡がり』を本質とするものであるのに対して、心は『考えること』をその本質としているという点です。言い換えれば、物体は『延長するもの（レース・エクステンサ）』であり、心は『考えるもの（レース・コーギターンス）』なんです。その意味で、両者は、まったく異なるものだとデカルトは言うんです」

「そういえば、懐疑の過程で、物体の存在を信じるのをまったくやめてしまったのに、私の存在は確かだということになりましたよね。つまり、物体がなくても、心としての私は存在する。このあたりの議論も、関係しているんですね」

「そのとおりです。それやこれやで、デカルトにとっては、心と物体は、まったく異なるものとなります。

ところで、身体は物体の一種ですから、このようなデカルトの考えは、『心身二元論』とよく言われています」

「ああ、それって聞いたことがあります。

ええと、それから、もう一つあるわけですね」

「そうそう。もう一つはね、デカルトがその存在を確認しようとする物体は、実は、僕たちが日常、物体だと思っているものとは大きく異なっているんです」

「あ、そうなんですか？」

「そう。日常僕たちは、物体というのは、色や味、熱さ・冷たさなんかも持っていると思っていますよね」

「そうですね」

「ところが、デカルトが最終的に採用する物体観においては、物体は、延長、形、位置、運動といったものしか持たないとされるんです」

「あのー、なんだか、古代の原子論みたいですね」

「いいことを言いますね。デカルトは、真空を認めませんから、空虚（つまり真空の空間）の中に原子が存在すると考えた古代の原子論とは、見解が異なります。だけど、デカルトの生きた十七世紀という時代には、古代の原子論が復活するんですよね。そして、デカルトも、この流れの中にいたんです」

「真空は認めないけど、古代の原子論者が考えたように、物には形や大きさなんかの量的な性質しかないと考えたわけですね」

「そのとおりです。このことが、デカルトの場合、『形而上学』とか『第一哲学』とか言われる学問分野の話題としても、出てくるんです」

「実際には、どんなことを言っているんですか？」

「例えば、こんなふうです。蜜蠟《みつろう》というものを取り上げます。蜜蠟というのは、蜜蜂の巣から作る蠟のことで、それを熱してみると、色も形も大きさも匂いも堅さも、叩くと出る音も、変わってしまいます。だけど、われわれは、それで蜜蠟が蜜蠟でなくなったとは考えないと、デカルトは考えます」

「感覚で捉えられるものはすっかり変わったけど、やっぱり蜜蠟には違いない、というわけですね」

「そうなんです。そして、ここでデカルトは、このように考えます。蜜蠟の様子がすっかり変わったことは、感覚によって捉えられることだけど、感覚は、そのように、あるものがその性質を変えてしまったということを示すだけで、相変わらずそれが同じ蜜蠟であることを、感覚自身が示すわけじゃない」

「なるほど」

「じゃあ、何がこの蜜蠟を、同じ蜜蠟だと判断するんでしょう」

「感覚とは別の心の働きだというわけですね」

「そうなんです。ここでデカルトは、感覚と想像力とを一緒にして、こうした能力は、いずれも、蜜蠟の様々な性質が変化することを示すにすぎないから、蜜蠟が『同じ』という判断には関わらないと言うんです。そこで、蜜蠟から、変化する諸性質を取り除いてみる。そうすると、あとに残るのは、彼に言わせれば、『延長を持った、曲がりやすい、変化しやすいあるもの』だけなんです。じゃあ、感覚や想像力では捉えられない、物体のこういう在り方を、いったいどのような心の働きが捉えているんでしょうか？」

「感覚とか想像力とかとは、違うわけですよね。だったら、何でしょう、知性ですか？」

「あ、いいじゃないですか。そのとおりです。椎名さん、さすがですね」

「おだてても、なんにも出ませんよ。

でも、それって結局、こういうことですね。私たちは、物体についてなにかを知るとき、感覚に頼っていると思っているのですが、デカルトはむしろ、知性こそが物体の在り方を捉える働きだと思っているわけですね」

「そのとおりです。そして、知性で物体の在り方を捉えると、さっき言ったみたいに、物体には色があるとか熱さ・冷たさを持つとかじゃなくて、形や大きさなどの、原子論者が物に認めたような量的性質しか持たないと、デカルトは考えるんです」

自然学が先にある

「でも、先生、それって、デカルトが進めた懐疑からの議論の枠内で、本当に出てくる結論なんでしょうか。そうじゃなくて、その懐疑のプロセス以前に、デカルトには、なにか、そもそも物体はこういう性質しか持たないという予断があってのことじゃあないんでしょうか」

「あ、そう思いますか？　実は、僕も、そうだと思っているんです。

先ほど紹介した第一哲学の分野での彼の見解が表に現れるのは、一六三七年に出版された、『方法序説』以来のことで、彼の形而上学の基本構想ができるのは、一六二九年のことだと考えられます。そして、実は、『方法序説』を出版するよりも数年前に、デカルトは、自然科学関係の書物をほぼ完成させていて、これを出版するつもりだったんです」

「じゃあ、少なくとも出版の準備に関して言えば、形而上学よりも自然学の方が、先だったんですね」

「そう。ところが、一六三三年に、ガリレオ・ガリレイが前年に出版した『天文対話』で地動説を擁護したため、異端審問にかけられ、それが禁書となったことをデカルトは知ります。出版を予定していた彼の書物もその考えを含むものでしたから、それで、デカルトは、出版を断念せざるをえなくなります」

「じゃあ、その本は、結局、出版されなかったんですか?」

「いいえ。デカルトの死後に、その遺稿が、『世界論』および『人間論』というタイトルで出版されました。

で、話を戻すと、デカルトは、当初予定していた自然学書の出版は断念しましたけど、それに代えて、『屈折光学』、『気象学』、『幾何学』という三つの試論に、先ほどの『方法序説』をつけて、一六三七年に出版するんです」

「ああ、なるほど」

「で、『世界論』や、『屈折光学』、それに『気象学』を見ると、そこにはすでに、今見たような物体の捉え方、つまり、物体は量的な性質しか持たないという考え方が、様々に説かれているんです」

「ということは、形而上学の分野で認められる物体観は、実は、形而上学がその基礎を与えるはずの、自然学の分野で培われていたと先生はお考えなんですね？」

「僕の考えというより、そう考えるしかないんじゃないかなと思っています」

「実は、私、さっきの先生のお話で、一つ気にかかることがあったんですけど」

「何でしょう」

「物体の存在を証明するとき、デカルトは、私たちが『物体的な物の観念が物体的な物から送り込まれると信じる大きな傾向を持っている』ということを、重要な前提としていましたよね」

「そうです」

「その『物体的な物の観念が物体的な物から送り込まれる』ということ自体も、本来、私たちの日常の経験から出てくるもので、学問分野からすれば、自然科学つまり自然学に属するものじゃないかと思うんですけど……」

「あ、いいことに気がつきましたね。椎名さんの言うとおりで、デカルト自身が言っているように、そのこと自身は、僕たちの普段の経験に基づいているわけです。そして、そのこと、つまり、僕たちの感覚的経験の原因が外の物体にあることは、自然学に属する話題ですよね。ですから、椎名さんの言うとおり、そこでもまた、形而上学の話に、自然学が入り込んでいると見ることができます」

物体と観念と

「ところで、感覚について、デカルトはどのように考えているんですか?」

「ああ、さっき少し触れましたけど、例えば、色の場合ですとね、この世界を満たしている物体は、大きさや形などの量的性質しか持ちません。光もこうした物体の一種で、非常に微細な物質なんですけど、これも、他の物体と同じように、それ自体は色を持っていないんです。ところが、物体にこの微細な物質としての光があたって、その物体の在り方に応じて、異なる回転運動をその微細な物質は持つことになる。この微細な物体が、網膜にあたると、この運動が網膜に伝えられ、網膜にその一端がある視覚神経の管の中の繊維が、これを脳に伝え、さらに最終的には、松果腺《しょうかせん》にこれが伝わる。伝えられるのは、あくまである種の運動で、その結果、ある形が、脳と松果腺に描かれることになります。これらは、運動であり形であって、あくまで色ではありません。だけど、この伝達された運動が、われわれの心に色の『観念』を引き起こす『機会』を与えることになると、デカルトは言うんです」

「なるほど。ある種の運動が脳に伝えられると、それが『機会』となって、心が色を感じる。この色は、心に現れるものですから、『観念』と呼ばれていいわけですね」

「そのとおりです」

「でも、なぜ、『機会』なんですか？」

「デカルトは、心と物体とを、まったく異質のものと考えていましたよね」

「心身二元論ですね」

「そう。だとすると、まったく異質のものの間に、因果関係が成り立つとは考えられないと言うんです。ですから、脳や松果腺を含む身体（物体）で起こったことは、心の中に色の観念が現れる『原因』ではなく、それがきっかけとなって色が現れるところの『機会』だと考えるわけです」

「なるほど、わかるような気がします」

「というわけなんですけど、今は『因果関係』という言葉を広くとって、機会も原因に含めるとすると、このような広い意味での因果関係を、デカルトは自然学の分野で、物体と観念との間に認めていたということになります」

「そして、それが、形而上学の議論にも組み込まれているわけですね」

「そうです」

「じゃあ、先生がおっしゃるように、デカルトには、形而上学が自然学を基礎づけるという方向性だけじゃなくて、自然学が形而上学の議論に基礎を与えるという、隠されたもう一つの方向性があるようですね」

「そのようです」

「なるほど、そういうことなんですね」

性質が心の中へ

「さて、そこで、もう一度心について考えてみましょう。デカルトは、心に現れるもの、これを『心に現前する』なんて言うんですけど、心に現前するものを、『観念』と呼びましたよね」

「はい」

「観念というのは、心の在り方でしたよね」

「そうです。だけど、それは、なにかを表象するものでもありました」

「そうでしたね。で、その心の在り方としての『観念』なんですけど、その『観念』と呼ばれるものの中には、もともと、日常的には、心の中にあるとは考えられていないものがたくさんありそうなの、わかりますか？」

「ええと、……あ、さっきの話だと、色なんか、そうですよね」

「そうそう。色というのは、もともと物体の性質だと考えられている。だけど、デカルトにとって、色は、物体の持つ性質ではありません。それは、ある運動が脳に伝達されると、それを機会に、心の中に現れるものでした」

「そうすると、色に限らず、私たちが感じている形や大きさなんかも、ある運動が脳に伝達された結果、心に現れ知覚されるとしたら、要するに、感覚されるものはみな、物体の性質とは区別される、心の中に現れる観念ということになるんでしょうか」

「そうなんです。デカルトが、物体の世界の中で起きる脳への運動伝達という出来事と、その結果心の中に生じる観念というものとを明確に区別していることからすれば、僕たちが感覚しているものはみな、物体の性質そのものではなくて、心の中に現れる観念だということになります」

「ということは、日常的な心の捉え方とは違う心の捉え方を、デカルトはしていたことになりますね。つまり、形や色など、私たちが五感で感じているものの多くを、私たちは、日常、物体の性質としか考えていない。ところが、デカルトは、そうしたものを、物体の性質としてではなく、心の在り方としての観念と見るわけですよね」

「そうそう。だから、デカルトの心の捉え方は、その点で、われわれの日常的な心の捉え方とは違うことになります。

そうすると、椎名さん、その違いは何によるんでしょう?」

「それは、あ、自然学上の考え方の違いですね」

「そうそう、そうなんです。デカルトは、日常的な物体観とは異なる物体観を、原子論の影響下に採用するわけですよね。それはつまり、僕たちが日常物体だと思っているものとは異なるものを、新たに物体だと考えるものです。その新たに物体として導入されたものが本当の外なる物体だとしますと、僕たちが、日常、物体の性質だと思っている感覚されるものは、心の中に位置づけ直すしかなさそうです」

「しかも、そうして心の中に位置づけられた様々な性質が、心の中に現前する他のものとともに『観念』と呼ばれて、その上、それは、外の物体と、ある種の広い意味での因果関係に立つわけですね」

「そのとおりです」

全体像の先行

「今、椎名さんが指摘したことは、デカルトの心の考え方を理解する上で、すごく大切なことなんです。デカルトは、形而上学では、一切を心に還元した上で、そこから物体の存在を証明しようとしますよね」

「はい」

「ところが、自然学が先行するということは、物体の在り方、および物体と心との関係についての基本的な考えが、形而上学のそうした営みに先行するということでもあるわけです」

「とすると、結局、デカルトの基礎づけ主義的な筋道にもかかわらず、本当は、心と物体の全体からなる世界に関するある知見が、先行していたということなんですね」

「そうです。絶対確実とは言えない全体像。これが、すべてを絶対確実なものによって基礎づけようとするデカルトの営みを、根底で動かしていたと見ることができるわけです。

　そこで、そのような自然学に属する彼の見方を、彼の著作の中で確認しておくことにしましょう」

　ラルフは、バッグの中からデカルトの著作集を取り出し、その中の『世界論』の一節を訳して、ゆかりに聞かせた。

「ええと、ここですね。

言葉は、それが表示する物とは少しも似ていないが、それでもわれわれに〔その物を〕理解させる。……さて、単語が人々の約束によってのみ表示するものでありながら、それとはなんの類似性も持たない物をわれわれに理解させるのに十分であるとすれば、自然もまたなんらかの記号を定め、われわれに光の感覚を持たせることが――この記号はその感覚に似たものをなにもその内に持っていないとしても――どうしてできないであろうか。

ここには、『自然が定めた記号』ということが言われていますよね。これは、光の感覚を引き起こす物体の運動のことなんですけど……」

「なぜ、『記号』と言うんですか。ああ、そっか。記号って、一般に、それが表現するものと似ていないわけですよね」

「そうそう」

「それと同じように、光の感覚と、それを引き起こす物体の運動とは、似ていない。そう言いたいわけですね」

「そうなんです。ところが、そうした両者の類似関係の否定は、かえって、デカルトが物体の在り方としての運動と、心の在り方としての光の感覚（つまり観念）とを、一つの全体的過程として捉えていることを、明確に示すことになります」

「なるほど。結局、そんな仕方で、自然学の中で、『観念』という言葉の用法が確定していくわけですね」

「そうです。『観念』をも要素として含む、物体と心の全体像は、また、先ほど触れた『機会』という言葉によっても示唆されています」

そう言いながら、ラルフは、同じ著作集の別のところを開いてみる。

「ええと、ここですね。デカルトは、物体の在り方に言及して、『心に、運動、大きさ、距離、色、音、匂い等の性質を感じさせる機会を与えうるであろうもの』と、ここで言っています。こうした言い方もまた、心に属すべき様々な性質（つまり観念）と物体との関係が、自然学において考察されていることを、明確に示しています」

「なあるほど」

近代主観主義のはじまり

「ところで、一つ質問してもいいですか？」

「はい」

「自然学の中では、デカルトは、心と物体を、どちらもしっかり存在するものとして、いわば並べて捉えていますよね」

「そうですね。彼の言い方では、どちらも『実体』なんです。実体というのは、存在するのに他のどんなものも必要としないもののことなんですけどね。でも、本当にそういうことが言えるのは、神だけです。しかし、心と物体は、それらが存在するには神以外の他のものを必要としないとデカルトは考えますので、それらもまた実体とみなします。神を無限の実体、心と物体は、神によって創られた有限な実体として、デカルトはこれらを捉えています」

「なるほど。そのことは、わかるんですけど、ところが、形而上学のはじめのところの、あの懐疑の過程では、デカルトは物体に関する知識を排除しますよね」

「そうそう」

「それで、残るのは、心だけ、ですよね」

「そうです」

「そこで、心をもとに、物体へと超え出ていこうとするんですよね」

「そう。その過程で、デカルトは、大掛かりな知識の整理をするわけです」

「つまり、すべてを疑って大掃除をし、確実なものをもう一度一つ一つ積み上げ直す、そのことですね」

「そのとおりです」

「ところが、その過程では、物体はいったん消去されてしまいますよね。どうもそこのところで、心と物体との重さのバランスが大きく崩れているような気がするんですが」

「椎名さんの言うのは、もっともです。実際、椎名さんの言うとおりでね。確かに、デカルトは、心にも物体にも、実体としては同等の権利を認めるけれども、形而上学の分野、つまり、自然学に基礎を与えるところでは、物体の存在に関わる信念を、いったんすべて廃棄してしまいますよね。にもかかわらず、心としての私の存在は確かだと言うわけですから……」

「その意味で、心の存在の確かさが、すべてに優先しているわけですね」

「そうですね」

「そうしますとね、ある種、唯心論的な性格を、デカルトの心の考え方って、持っているんじゃないかと思ったりするんですけど」

「つまり、あるのは心だけっていう考え方ですね」

「はい。あるのは心とその中の観念だけという……」

「ああ、それって、いいんじゃないですか？

確かに、デカルト自身は、物体の存在をしっかり認めているわけですけど、絶対確実なものを求める彼の懐疑の過程からすれば、心の優位は否定できません。まず、心があるというところから、他のすべてを見ていくという方向性ですよね。心は、のちには、『主観』とか『主観性』とか呼ばれることになりますから、このような見方を、『主観主義』と言ったりします。そこで、デカルトは、西洋近代の主観主義の道を開いた、なんて、言われるんです。いわゆる『観念論』も、その一つの帰結と考えられるものなんですけどね。

あ、そろそろ、三時ですね。生島先生とまた落ち合うことになっているので、とりあえず、ここまでということで、いいでしょうか」

「すっかりお世話になってしまいました。初対面の先生にこんなにいろいろ教えていただいて、何とお礼を申し上げたらいいか……」

「ああ、いえいえ、おやすい御用です。それじゃあ、これで。アウフ・ヴィーダーゼーエン、フロイライン・シイナ」


「アウフ・ヴィーダーゼーエン」は、ドイツ語で「さようなら」。その文字通りに意味するところは、「また会いましょう」である。二人がやがて京都で再会することになろうとは、そのときの二人には、知る由もなかった。

解説　その一

いかがでしたか。

ルネ・デカルト（一五九六―一六五〇）は、フランスのトゥーレーヌ州ラエー（現在は「デカルト」と名前が改められています）に生まれた、科学者・哲学者です。一六〇六年に、イエズス会の学校であるラフレーシ学院に入学、また、のちにはポワティエ大学で教育を受け、以後、生涯のかなり多くの部分を、国外、特にオランダで過ごします。その間に、自然科学の新たな潮流の先頭に立って、その方面での仕事を進めるとともに、ここで紹介しましたように、その支えとなるべき「第一哲学（形而上学）」についての考察を進めました。その意味で、科学史上欠くことのできない人物であるとともに、近世以降の哲学に多大の影響を残すこととなりました。

デカルトと言えば、やはり「我思う、ゆえに我あり（コギト・エルゴ・スム）」でしょう。私が考えている限り、私の存在は確かである。このことを第一に確かなこととし、その上に、さらに、確かな知識を積み上げていこうとしました。そういう意味で、デカルトは、明らかに、「基礎づけ主義」的な方向を採用しています。

けれども、他方では、その方向とは別の方向が、潜在的ながら、彼の思想にはありました。第一哲学によって基礎づけられるべき自然学や常識的見解が、第一哲学の中に組み込まれているという事態です。

第一哲学に対するこの自然学の混入をどう見るかについては、二つの見方が可能です。一つは、これは不純物であり、これを排除することによってデカルトの意図が本当に成就されることになる、とするものです。この見方の典型は、エトムント・フッサール（一八五九―一九三八）に見出されます。例えば、彼は、晩年の『デカルト的省察』の中で、学問に「究極的な基礎づけ」を与えようとするデカルトの企図を高く評価しながら、その欠陥について、次のように語っています。

デカルトは、偏見から徹底的に自由になろうとする真剣な意思をもっていた。しかしわれわれは、最近の研究によって、とくにジルソン氏やコアレ氏のすぐれた深い研究によって、デカルトの省察の中にいかに多くのスコラ哲学的考え方が、ひそかに、また気づかれない偏見として含まれているかを知っている。しかし、そのような偏見を除去することが必要なだけではない。われわれはまず、すでに述べたあの偏見、すなわち数学的自然科学への讃嘆から生まれ、古い遺産としてわれわれ自身をも規定しているあの偏見を除去せねばならない。……ところが、不幸にもデカルトは、……目だたないが、しかし実は致命的な転換を行なっている。そのため自我は、思惟実体、すなわち孤立した人間の精神あるいは霊魂とされ、そして因果律に従う推論のための出発点とされている。要するに、そのような転換を行なったことによってデカルトは、……不合理な先験的〔＝超越論的〕実在論の父となったのである。（フッサール『デカルト的省察』、船橋弘訳、細谷恒夫編『世界の名著51 ブレンターノ フッサール』、中央公論社、一九七〇年、二〇四頁）

科学に対する究極的な基礎づけを目指すフッサールにとって、科学の基礎学である第一哲学に他の学問が混入することは、決して認められるものではありませんでした。そうしたフッサールにとって、デカルトの第一哲学の欠陥と思われたものには、いくつかの種類がありました。その一つが、心を実体とみなし、その在り方としての「観念」を原因・結果関係の一項とみなして論を進めることでした。フッサールには、そのあたりのことも、目指されている学問再建を阻害する要因に見えたのです。

しかし、フッサールが不純物と見るもののうち、自然学に関わるそれについては、別の見方が可能です。ラルフと生島が共有しているのは、その別の見方であり、そうしたもののは不純物ではなく、それが入り込むのはある意味で当然のことであるとするものです。このような考えは、「基礎づけ主義」の基本的な見解を揺るがすもので、これについては、次の章で、じっくり考えることにします。

ところで、デカルトの第一哲学に関しては、もう少し、言及しておくべきことがあります。その一つは、デカルトの真理観が、「明証説」と呼ばれるものであったという点です。どういう考え、どういう発言が真であるかについては、それらが実在にぴったり合っているかどうかで決まるという「真理の対応説」が、伝統的に受け入れられていました。これについての詳しい考察は次章で行いますので、ここではこれ以上立ち入りませんが、デカルトは、これとは違って、明晰・判明に知られるもの（つまり明証的に知られるもの）は真である、言い換えれば、明らかにそうだと考えられるものは正しいという見解を採りました。「我思う、ゆえに我あり」は、まさしくそのような仕方で知られるものの一つだったのです。

この件について、デカルトは、『省察』の第三章にあたる「省察三」で、次のように言っています。

私が考えるものであるということを、私は確信している。それならば私は、ある事がらについて確信をいだくために必要な条件をもまた、知っているのではあるまいか。ところで、この最初の認識のうちには、私が肯定する事がらについての、明晰で判明な認知以外の何ものもない。しかるに、私がこのように明晰に判明に認知する事がらが偽である、というようなことが一度でも起こりうるとするなら、もちろんそういう認知は私に真理を確信させるには十分でないことになるであろう。それゆえ、いまや私は、私がきわめて明晰に判明に認知するところのものはすべて真であるということを、一般的な規則として確立することができるように思われる。(デカルト『省察』、井上庄七他訳、中公クラシックス W21、『デカルト 省察 情念論』、中央公論新社、二〇〇二年、五一頁)

ところが、ここに一つ、厄介な問題があります。それは、あの「欺く神」に関わるものです。懐疑においては、神が欺いているかもしれないということが、懐疑のプロセスを進めるための最後的な理由となっていました。この「欺く神」の想定は、右の「明証説」的真理観と、どう関わるのでしょうか。もし「私がきわめて明晰に判明に認知するところのものはすべて真である」という右の原理が妥当するなら、欺く神の想定は、気にかけなくてもよさそうです。仮にそういう神がいるとしても、明証的に知られるものは間違いなく真なのですから。ところが、デカルトは、どうも、そのようには考えていないようなのです。というのも、彼は、神が欺くものではないことを証明せずにはすまないと考えていたからです。

実際、デカルトは、「省察四」の概要を述べた箇所で、「第四省察においては、われわれが明晰に判明に認知するところのものはすべて真であるということが証明される」（同二一頁）と言い、すでに明証性の原理としてその地位を確立しているかに見えたものを、そこで「証明」しようとしています。そして、この証明が、神の誠実性（善性）に基づいてなされるのです。これについて、デカルトは、「省察四」の最後の箇所で、次のように言っています。

実際、判断をくだすにあたって、悟性〔＝知性〕によって明晰判明に示されるものだけにしかおよばぬように、意志を制限しさえするなら、私が誤るということはまったく起こりえないのである。なぜなら、すべて明晰で判明な知識は、疑いもなく実在的なものであり、したがって無に由来するものではありえず、必然的に神を――かの最高に完全なものであって、欺瞞者であることとは相容れないところの神を――作者と

してもっており、それゆえ、疑いもなく、真なのであるから。（同九二頁）

明証知の原則に従って議論を進め、神の善性にまで至りながら、今度はその神の善性によって明証知の原則を証明するというこのデカルトの手続きは、デカルト研究者の間では「デカルトの循環」として、論議の的となっています。これをどう考えるかは研究者の間では大問題なのですが、ここではとりあえず、こういう問題があるということを指摘するにとどめます。

ここで取り上げたデカルトの第一哲学に関する議論を知るには、彼の書き物のうち、とりわけ、『省察』（第一版一六四一年、第二版一六四二年）と『哲学の原理』（一六四四年）が、役に立ちます。これについては、「中公クラシックス　W9」や「中公クラシックス　W21」をはじめ、いくつかの優れた翻訳が出版されています。また、デカルトの自然学については、『方法序説』に続く三つの試論「屈折光学」「気象学」「幾何学」、それに、遺稿の『世界論』と『人間論』をご覧になってください。これらは、いずれも、白水社の『デカルト著作集』（二〇〇一年復刊）に収載されています（『世界論』は『宇宙論』というタイトルになっています）。また、『世界論』の訳は、「中公クラシックス　W9」にも収載されています。

因みに、本章でラルフが示したデカルト理解のもとになっているのは、拙著『アメリカ言語哲学の視点』(世界思想社、一九九六年)第II部第一章と、Yasuhiko Tomida, 'Descartes, Locke, and "Direct Realism"', in Stephen Gaukroger, John Schuster and John Sutton (eds.), *Descartes' Natural Philosophy* (London: Routledge, 2000), pp. 569-575' それに、Yasuhiko Tomida, 'Davidson-Rorty Antirepresentationalism and the Logic of the Modern Theory of Ideas', in Randall E. Auxier (ed.), *The Philosophy of Richard M. Rorty* (La Salle, Ill.: Open Court, forthcoming) です。

それはそうと、「はじめに」の冒頭でニーチェ(一八四四―一九〇〇)のことを取り上げました。ニーチェは、私好みの哲学者の一人で、我が国ではよい解説書がいっぱい出版されていますので、興味がおありでしたら、書店をのぞいてみてください。但し、ニーチェと自然科学について詳しく論じた書物は意外と少なく、これについては、ヴォルフガング・ミュラー＝ラウター『ニーチェ論攷』(新田章訳、理想社、一九九九年)をまずお読みいただくのがいいかなと思います。

不条理な生への意志を世界の根源とし、表象としての世界をこの意志から発現するものとするショーペンハウアー(一七八八―一八六〇)の思想を承けて、ニーチェは生命が持つ力への意志を核とした独自の思想を展開します。このあたりのニーチェの見解が当時の生物学的見解とどう関わるのか、今後の研究の進展が待たれるところです。

「京都より愛をこめて」という副題にもかかわらず、ロンドンからの始まりでした。次はもちろん、京都ですよね。

第二章　そして京都

勧修寺での再会

椎名ゆかりが勧修寺を訪れたのは、師走半ばのことである。勧修寺。付近の地名としては「かんしゅうじ」と読まれるが、寺は「かじゅうじ」である。千百年余りの歴史を持つ、真言宗山階派の大本山で、山号は亀甲山という。

ゆかりは、京都山科の山裾にあるこの寺が好きで、ときおり一人で訪れる。下宿のある左京区から、バスと地下鉄を乗り継いで、寺の門前に至る。

端正な小顔に、風になびく長い髪がよく似合い、赤いセーターとベージュのコートが、築地塀に彩りを添えている。

薄日のさす、師走にしては暖かい日である。

中門をくぐると、右手に、元禄十年に旧御所から移築された宸殿《しんでん》がある。その南側を右手に曲がり、道に沿って、本堂へと向かう。

本堂の手前の小さな五大堂には、護摩木が置かれていて、願い事を書くことができる。ゆかりも、護摩木に願い事を書いて、それを三方の上に置いた。そのとき、まだ書かれて間もない一本の護摩木に、ゆかりの目がふととまった。そこには、「ラルフ・シュプリンガー」と読める横文字の署名があった。

「えっ」

ゆかりは驚いた。

勧修寺は、寺域の北の部分にお堂が並び、南側には、広い芝生の庭の向こうに、氷室池がある。夏には、睡蓮や蓮が綺麗な花を咲かせる。冬枯れの庭は、それはそれで風情があるが、夏と比べれば、訪れる人は少ない。数人の参拝客が、彼方の池の周りに見える。ゆかりは、もしやと思い、そのあたりに、ラルフの姿を探した。

池には、たくさんの鯉が泳ぎ、枯れた蓮の群生の向こうには、鴨たちが静かに泳いでいる。水辺で鯉を相手にしている人や、ベンチに腰を降ろしている人たちの中に、ラルフの姿はなかった。

その時、池の中の島（方壺島）に羽を休めていた一羽の大きな鷺《さぎ》が、突然飛び立った。ゆかりがそちらに目を向けると、その視線の彼方に、向こう岸を散策する長身の男性の姿があった。

ゆかりは、急ぎ足で、池をめぐる道を、向こう岸へと急いだ。

やはり、ラルフだった。

「せんせーい」

振り返ったラルフが、驚いて言う。

「えっ、……もしかして、……椎名さんでしたよね。どうしてここに？」

「先生こそ、どうして日本においでなんですか？」

「学会で、京都に来たんです」

ゆかりが留学先のロンドンから帰ってきたのは、八月初めのことである。大英図書館で偶然出会って、デカルトの手解《てほど》きをしてもらった、あのベルリン大学のラルフ・シュプリンガーに、ほんの数箇月後にこうして京都で再会できるとは。まったく思ってもみないことであった。

「えー、本当に奇遇ですねえ」

ゆかりは、ロンドンでの半日、初対面にもかかわらず、懇切にデカルトの話をしてくれたことに対し、改めてラルフに礼を述べた。

「でも、どうして先生、勧修寺なんです？」

「この前、来日したとき、生島先生に連れてきていただいて、このお寺がすっかり気に入ったんです。それで、京都に来たついでに、もう一度訪ねてみようと思って」

「そうなんですか。私も、このお寺が好きで、ときどき一人で来るんです」

「いいですよね、ここ。

あ、それはそうと、デカルトのことは、あれからどうなりました？」

「あれから密かに調べているんです。私、第二外国語がフランス語なので、なんとかなるかとは思ったんですけど、なかなか大変です。でも、調べれば調べるほど、興味深いですね。実はそれで、英文から哲学に変わろうかと思っているんです」

「あ、いいじゃないですか」

「それと、私、本当にものを知らなくて、実は、生島先生、私の大学の、別の学部の先生だったんです」

「え、ああ、そうなんだ」

「それで、近いうちに、一度この前のお礼も兼ねて、ご相談にうかがおうと思っています」

「ああ、それはいい。今日は、彼、用事があって出掛けているようですけど、僕も明日、もう一度彼に会うことになっています」

「ああ、そうなんですか」

「ところで、デカルトって、おもしろいでしょう?」

「そうですね。でも、いろいろ疑問があって」

「ああ、それはそうでしょうね。

椎名さんがどんな疑問を感じているのか、ちょっと興味がありますね」

「そうですか？　いろいろあるんですけど、そもそも、すべてを疑って、確実なものだけでやり直すということが、どこかしっくりこないんです」

「ああ、なるほど」

「それから、ほかにもいろいろ。観念から外に出て行くって、本当はどういうことなんだろうか、とか」

「ふむふむ、なるほどね。そうですか。……もしよかったら、今日の午後は時間がありますから、一緒に考えてみましょうか？」

「え、いいんですか？」

「はい。今日は一日、ゆっくり過ごすつもりで出てきたんです。外で話すのもなんだから、お昼でも食べながらでいいですか？」

「あ、それは嬉しいですね」

ラルフは、生島に貸してもらった黄色のニュービートルを、境内の駐車場に停めていた。二人は、それに乗って、外環状線に出、三条通りを通って、岡崎近くの疏水《そすい》べりにあるピザ・レストラン、「アルファ・ジュリアーノ」へと向かった。

レストランに到着したのは、二十分ほどあとのことである。

「ここ、前に生島先生に連れてきていただいたんですけど、明るくて、それに、疏水が見えて、いいでしょう」

「そうですね」

二人は、ナポリ風のピザのコースを注文して、本題に入った。

懐疑再び

「椎名さんの疑問を、うかがいましょうか」

「はい。いろいろあるんですけど、まず、デカルトはすべてを疑って、少しでも疑わしいものは偽として捨てるという道を選ぶわけですよね」

「そうです」

「そのとき、いくつかの理由を、彼は挙げますよね」

「そうですね。『省察』や『哲学の原理』などからすると、感覚はわれわれを欺いたことがあるとか、夢と覚醒時の区別がつかないとか、数学でも間違えたことがあるとか、欺く神がわれわれを欺いているかもしれないとか、そういう理由をデカルトは挙げていますよね」

「それで、その結果、考えている自分が存在することは絶対に疑えないと、結論するんですよね」

「そうです」

「これまで信じてきたものをすべて疑う。そして、すべてを疑わしいものとして捨て、その上で、自分の存在を、絶対に確実なものと認定するわけです。ところが、そのように論を進めるのは、今先生が挙げてくださったことを理由としてのことですよね。とすると、自分の心の存在に話を進める上で、それらの理由となっている事柄の役割は、非常に大きいわけですよね」

「そうそう。それは椎名さんの言うとおりです」

「そうしますと、デカルトはすべてを捨てて一からやり直すという形を採っていながら、実は、その過程で、すべてを捨てるための重要な根拠として使った信念を、捨てることなく密かに保持しているということじゃないでしょうか」

「あ、椎名さんの疑問、わかりましたよ。つまり、前にロンドンでお話ししましたよね、『建築ブロック説』のこと」

「はい」

「あの『建築ブロック説』ですと、本当に一から確かなものを積み上げていくんですよね。

デカルトの場合、『私は存在する』というのが、土台になる第一の確かなもので……」

「はい。そうでした」

「ところが、椎名さんの見方だと、その土台になっているものが、実は、『感覚はわれわれを欺くことがある』とか、『夢と覚醒時の区別がつかない』とか、そういった、それほど確かなことじゃないかもしれないある信念たちに、支えられている。だから、本当のところは、決して『建築ブロック説』が言うようなものにはなりえていない。そう言いたいわけですね」

「そうなんです。言い方を換えると、デカルトは、これまで信じてきたことのスイッチを、ある理由でもって、オンからオフに、切っていくわけですよね。そして、『私は存在する』というのだけが、切ろうとしても切れないスイッチつきのものだということを、発見するわけです。でも、そのスイッチを切っていくときの理由となる信念は、それはそれで、本当は残ったままなんですよね。その理由となる四つのことについているスイッチを切ると、別にすべてのスイッチを切る必要がなくなるわけですから。つまり、その四つの理由というのは、実は本当はスイッチが入ったままになっているんですよね。『私は存在する』という信念ほどの確かさがあるわけじゃないにしても」

「とすると、椎名さんは、デカルトは基礎づけ主義的な立場を表明しているとしても、本当はそれにはなりえていないと?」

「そうなんです。前に先生は、デカルトの場合、自然学を基礎づけるための形而上学に、自然学の思考が入り込んでいるとおっしゃいましたよね。それとともに、懐疑の過程での議論においても、様々な信念が働いている。そうすると、表向きの基礎づけ主義的立場とは異なり、実際には、様々な信念が働き合って、信念の再編成を行っているように見る方が、実情に近いんじゃないかと思うんです」

「なるほど。いいところに気がつきましたね。それは、すごく大事なことだと思いますよ」

「そうなんですか」

「はい。今椎名さんが指摘したことは、現代哲学で『全体論（ホーリズム）』と言われているものに、深く関わるものだと考えられます」

「全体論、ですね」

「そう。知識とか信念とか、要するに、信じていることに関わる全体論です」

全体論

そうしているうちに、大きな石窯で焼かれたばかりのピザ、それから、サラダと飲み物が運ばれてきた。二人は食事を進めながら、話を続けた。

「あのね、僕たちが信じていることが、互いに関わり合い、しばしば一方が他方を支えるという関係になっていることを、椎名さんはどう思います?」

「ああ、それはそのとおりじゃないでしょうか。なにかを信じていることが、他のものを信じる理由になっていたり、あることを信じていれば、別のあることは多分信じることはできないだろうとか、そういうことですよね。それはすごくあたりまえのことだと思いますけど。例えば、今日は日曜日だと信じていれば、明日は月曜日だと信じるのは当然ですし、デカルトみたいに、これまで見間違いとかしたことがあると信じていれば、これも見間違いかもしれないと考えるのも、それなりに理由のあることになりますし……」

「それから、論理学なんかでよく出てくるものですが、AならばBだと信じていて、それからAを信じるとしたら、当然Bも信じていいことになりますしね。あるいはAかBだと信じていて、Aじゃないと信じるとすれば、Bだと信じることになる。こんなふうに、僕たちが信じていることは、様々に関係し合っているみたいですね」

「ええ、そんな気がします」

「そしたら、僕たちが信じていることは、網目状に繋がり合っているとしても、いいのかな?」

「ええと、綺麗な網目ではないでしょうけど、あれこれ繋がり合っているというのは、多分本当でしょうね」

「とすると、そのように繋がり合っている信じていること（つまり『信念』）の一つだけを取り上げて、それが正しいとか正しくないとか、言い換えれば真であるとか偽であるとか、決定することはできるんでしょうか」

「え、信念を一個だけ取り上げて、その真偽を決められるか、ですか？」

「そうです」

「それは、……できそうなものもあるし、できそうにないものもあるような気がします。でも、……信念が互いに支え合っているというのが本当なら、一個だけ取り上げて真か偽かを決めるのは、どの信念についても、本当はできないことなのかもしれませんね」

「そうですね。僕たちの信じていることの真偽は、その一つ一つを取り上げたのでは決まらなくて、信念の全体の中でそれを決定するしかない。このような考え方を、『全体論』と言うんです。この見方は、デュエムとか、クワインとか、いろんな人が採りました」

「クワインというのは、ハーバードの先生だった人ですね」

「そうです。生島先生のかつての先生だった人ですね。そのクワインは、人間が信じていることは、大きなまとまりをなしていて、それが、全体として、経験によってチェックされるという考えを採ったんです。信じていることになにか具合の悪いところがあるとなった場合、どこを手直しするかは、一つしかないわけじゃない。可能性はいろいろあるんですよね。そして、どこを手直しするのが、信じていることの全体をより単純なものにするのに都合がいいか、あるいは、どこを手直ししたら、これまで信じてきたことのより多くを真なるものとして残すことができるか。そういう観点から、われわれは手直しを進めると言うんです」

「ということは、クワインの考え方ですと、私たちの信じていることは、ある意味で、かなりソフトなものだということになりそうですね」

「ソフト。そうですね。これしかないというんじゃなくて、いろいろ可能性がある。とりあえずこれでやってみようっていう具合かな」

「そうしますと、デカルトの場合、『少しでも疑わしいものは偽と決めつけて捨てよう』という原則と、疑わしいとするいくつかの理由だけで、信じていることをほとんどすべて捨ててしまうわけですよね。そうすると、その時点では、とんでもないことをしていることになりませんか」

「そうですね。今僕が言った『これまで信じてきたことのより多くを真なるものとして残す』とクワインが言う方針、これは、科学哲学では『保守主義』と呼ばれるごくあたりまえの健全な立場なんですけど、この方針とはまったく違いますよね」

「そうですね」

「そればかりじゃなくて、互いに支え合っている信念のほとんどを、強引に切り捨ててしまうという形になっていますよね」

「はい」

「だから、それでいいのかということになりそうです」

「そうですね」

「しかし、おもしろいのは、そうやって強引なことをして、心としての私からもう一度やり直すんですけど、その過程で、結局、様々な考えが復活していく。でも、その過程で、物体の考え方が違ってきたりとか、いわば信念の再編成とか改訂とかいったものが、行われるんです」

「そうですね」

「ということは、デカルトのやり方は、やはり、椎名さんが言うように、基礎づけ主義的にはなっていないし、また、全体論的な考え方に照らしてみると、そのようなものにはもともとなりえなかったような気もしますよね」

「はい。すべてを疑って捨てたはずなのに、結局いろいろな信念をあれもこれもと取り出して、それを使って話を進めていくんですから。

ところで、先生、全体論というのは、感じはわかるんですけど、でも、デカルトからは外れそうですが、信念を一個だけ取り上げて、それが真であるとか偽であるとか言える場合はないんでしょうか。例えば、ここにピザがありますよね。だから、『ここにピザがある』という私の信念は、それだけで正しい。そんなふうには、考えられないでしょうか」

「なるほどね。

じゃあ、その点について、もう少し考えてみましょう」

真理の対応説

ラルフは、さらに話を続ける。

「その点については、デイヴィドソンのある見解を見るのがいいかもしれません」

ドナルド・デイヴィドソン。一九一七年に生まれ、二〇〇三年に亡くなったアメリカの哲学者で、クワインの高弟である。

「『真理の対応説』に対するデイヴィドソンの批判なんですけどね」

「真理の対応説、ですね」

「そうです。

僕たちの考えや発言が真であるのは、それとは関係なく成立しているなにかに、その考えや発言がぴったりと合致している場合である。そう椎名さんは思いませんか？」

「ええと……、そうですね。そう思います」

「僕たちの信念が、それとは独立に成り立っているなにか（例えば、真理そのものとか神の意志とか世界の事実とかいったもの）にぴったりと『対応』している場合に、その信念は真である。こういう考えを、『真理の対応説』と言うんです」

「ええと、例えば、事実というのは、普通、私たちがどう考えようと、それとは関係なく成立していると考えられていますよね。そして、その事実に関する私たちの信念が正しいかどうかは、その信念がその事実にぴったり合っているかどうかで決まる。そんな考え方が、『真理の対応説』なんですね」

「そうそう、そういうことです。それでね、その考えは、古くから、様々な人たちによって、当然のこととされてきました。

例えば、アリストテレスがそうなんです。彼は、紀元前三八四年に生まれ、紀元前三二二年に亡くなった、ギリシャの哲学者ですけど、そのアリストテレスが、『形而上学』という書き物の中で、『存在するものを存在すると言い、存在しないものを存在しないと言うこと、そこに、真理が成り立つ』なんて言っています」

「あ、はいはい」

「それから、『あなたが白いとわれわれが信じるからあなたが白いのではなく、あなたが白いから、そう主張するわれわれは、真理を語るのだ』なんていう言い方もしています。こういうのが、『真理の対応説』の、古典的表明なんです」

「なるほど」

「それから、アリストテレスのファンだったトマス・アクィナス。彼は、十三世紀の神学者なんですけど、彼もまた、同じことを言っています。『神学大全』の中で、『ウェーリタース・エスト・アダエクワーティオー・レイー・エト・インテッレクトゥース』なんて言うんです」

「中世の人だから、ラテン語ですか？」

「そうです。『真理とは、物と知性の一致である』、つまり、『真理っていうのは、考えが実在と一致していることである』ということですね。

それに、認識について特異な見解を提出した、あの十八世紀のカントですら、『純粋理性批判』の中で、『認識と客観との一致が真理である』と言っていますし、それから、マルクス主義者がかつて『模写説』と呼んだ真理論（つまり、われわれの信念はそれが実在を模写している場合に真であるとする考え方）も、これにあたるんです。

というわけで、真理の対応説というのは、あまりにもあたりまえの考え方として通ってきました」

「じゃあ、問題は、デイヴィドソンがどうしてそれを問題視するか、ですね」

「そのとおりです」

デイヴィドソンの疑念

「デイヴィドソン自身も、〈『雪は白い』という文は、雪が白いとき、かつそのときにのみ真である〉といったことを、当然のこととするんですけどね」

「何ですか、それは？　あ、そっか。それって、文と実在とが対応するとき、文は真であると言っているようなものですね」

「そうそう。だから、デイヴィドソン自身、少なくともある意味で、真理の対応説を認めているように見える。ところが、彼に言わせると、それで話はおしまいということではまったくないんです」

「それにはなにか問題があると言うんですか？」

「そう。真理の対応説と言われても不思議はないような見解を表明しながら、彼の見解はある点で従来のそれとはまったく異なるんです。

彼が従来の見解に疑問を投じるのは、理由は簡単なんです。つまり、対応しているかどうかを確認するには、信念を実在そのものと比較しなければならないと人は言うけど、実在がどうなっているかは、これもまたわれわれの信念でしかない。だから、結局、信念を実在と比較しようとしても、信念を信念と比較することにしかならないと言うんです」

「え？」

「つまりね、デイヴィドソンは、信念が実在と対応していることを確認するには、われわれは自分たちの信念の外に出なければならない。だけど、それは不可能であると言うんです」

「つまりい、私たちは自分たちが信じていることの外には出られないということですか？」

「そう。自分たちの信念の外には出られない」

「うーん」

ゆかりは、納得できない様子である。

「あのね、真理の対応説って、すっごくあたりまえの響きを持っていますよね。ところが、われわれの信念を具体的に一つずつ取り上げて、それが対応しているところの独立に成立しているはずのなにかとつき合わせようとすると、困ったことになる。つまり、その独立に成立しているはずのなにかがどういうものであるかを言おうとすると、それは、われわれが信じていることを言うはめになるんです。

例えば、『猫が座布団の上にいる』といった類の信念や発言を〈猫が座布団の上にいる〉という事態とつき合わせてみても、そのつき合わせは求められているようなタイプの『対応』じゃない。どうしてかと言うと、その『事態』なるものが、すでに、僕たちの『信念』なんですよね。『そこに成立している事態は〈猫が座布団の上にいる〉というものだ』と僕たちは信じている。このことが、『〈猫が座布団の上にいる〉という事態』として表明されているにすぎないんです」

「ああ、なんとなくわかってきました。『だってこうなっているんだから』と事実を述べることそのものが、自分の信じていることを述べることになってしまうんですね」

「そうそう。そのとおりです。

こんなわけですから、デイヴィドソンによれば、信念を、それとは独立の実在そのものと比較して、両者の対応を確認しようとすること自体が、意味をなさない。つまり、そうした対応関係を持ち出しても、僕たちが信じていることが真であることを確認するのには、何の役にも立たない。そう言うんです」

「はい。わからなくはないです」

西田幾多郎の場合

「ああ、そう言えば、昨日生島先生からいただいた日本の哲学者の資料の中に、今の話と関係するものがありましたよ。ちょっと待ってください」

そう言って、ラルフは、西田幾多郎《きたろう》の『哲学概論』の一節を英訳したものを、バッグから取り出した。

「ええとですね、これは、西田幾多郎が、大正から昭和への変わり目の頃に、京都大学で行った講義の記録の一部なんですけど、これに、真理の対応説についての、興味深い発言がありますよ。ちょっと読んでみましょう」

そう言って、ラルフは、その関係する一節を、ゆかりにゆっくりと読み聞かせた。もとの日本語の文は、次のとおりである。

この〔模写説もしくは対応説の〕考への根柢をなすのは、真理とは主観と客観の一致であるといふ思想である。これは根強い考へであり、カントのやうに新しい考へを提出した人にも、やはりこのやうな考へは多少残つてゐたと云つてよい。しかし思想の真理性は、思想が外界の実在と一致し、それを模写するところに存すると考へる模写説には、大きな矛盾がある。それは、次の点を考へてみれば明らかであらう。模写説では、真理とは思想と外界の実在との一致に存するといふ。しかし思想が外界の実在と一致し、それを正しく模写してゐるか否かは、我々が予め外界の実在そのものを正しく知つてゐるのでなければ決定し得ないであらう。もし既に我々が外界の実在を知つてゐるなら、その時には我々の思想がそれと合致するかどうかを決定し得るであらう。しかしそもそもいかにして先づ外界の実在を知り得るかが問題なのであるから、模写説は自己が正に説明すべき当のことを、自己の説明のために利用してゐるものとして、矛盾を含むのである。（西田幾多郎『哲学概論』、岩波書店、一九五三年、六一頁）

「え、それってまるでデイヴィドソンですね」

「そう思うでしょ。基本線は、そのとおりですよね。外界の実在を正しく知ることによって、それとわれわれの思想とをつき合わせて、思想が正しいかどうかを判定する。ところが、そのためには、『外界の実在そのものを正しく知る』、つまり、真なる信念を持つ必要がある。ということは、このつき合わせは、結局のところ、信念どうしのつき合わせということにならざるをえない」

「しかも、そのうちの一方は、真なる信念でなければならないわけですから、これでは、『真である』ということを説明するのに、『真である信念』を前提するという、おかしなことになる。そう西田は言うわけですね」

「そのとおりです」

たいていの信念は正しい

「でも、そうなると、先生、なにか具合の悪そうな気がするんですけど」

「え、どうして?」

「私たちは、私たちが信じていることの外には出られないとしたら、好きなようになにかを真であると自分たちの勝手で思い込んでいるにすぎないような、そんな可能性が出てきませんか?」

「あ、おもしろいことを言いますねえ。それって、観念論についての疑問と同じですね」

「え、観念論、ですか?」

「うん。昔、ジョージ・バークリという人が考えたことでね、心の中に観念がある」

「その『観念』が、そもそも私にとって問題なんですけど」

「ああ、そうでしたね。じゃあ、ともかく、今椎名さんが見ているものが、すべて心の中の観念と呼ばれるものだと考える。それだったらできますよね」

「ええと、いろいろ見えていますけど、みんな、私の心の中の観念なんですよね」

「そう。そして、それに似たものが、椎名さんの外に本当に実在していると考えてみる」

「え、観念に似たものが、私の外に実在していると考えるわけですか？　でも、それって、見えないんですよね」

「そう。見えているものが心の中の観念なんだから、その外にある実在する物は、見えはしない。でも、その観念に似たものが、外にあると考えてみましょう」

「今見えているものに似たものが外に実在していると『想像』すればいいんですか？」

「そうです。仮にそれでいいとして、椎名さんが見ているものに似たものを、目を閉じて想像力でもって想像してみましょう」

ゆかりは目をつむって、なにかを想像している様子である。

「似たものを、想像したかな」

「イメージを思い浮かべればいいわけですよね」

「そうそう」

「はい。似たものを、思い浮かべました」

「よろしい。ところがね、バークリによれば、その想像されたイメージもまた、定義上、心の中にある観念なんです」

「え、それはずるいですぅ」

「ずるいもなにも、バークリの語法では、感覚されるものも想像されるものも、みな心の中の観念なんです」

「でも、それなら、見えているものを『観念』なんて呼ぶのがおかしいです。普通は、見えているものが、実在する『物』なんですから。あ、そう言えば、なんだか、前にうかがったデカルトの考えと同じみたいですね」

「そうそう。前に、そんな話をしましたよね。ともかく、見えているものもまた心の中にある観念でしかないということを仮に認めるとしたら、どうでしょう」

「わかりました。理由はともかく、見えているものは観念だと考えなさいと言うんですね。

でも、それだったら、私たちは、観念が現れる自分の心の中からは出られないみたいじゃないですか。……ああ、観念論っていうのがそういうものだとすると、私がデイヴィドソンの考えに対して感じているのと同じ困った性格を、観念論も持っているような、そんな感じですね」

「そうなんです。観念論では、心の外には出られそうにない。デイヴィドソンの考えでも、信念の外には出られそうにない。そんなことでいいのかというわけですね。ところが、おもしろいことに、デイヴィドソンの方は、僕たちは自分の信じていることから外に出られないと言いながら、にもかかわらず、僕たちの信じていることは、そのほとんどが真であると言うんですよね、これが」

「えっ、私たちの信念は、ほとんどが正しいと言うんですか？」

「そうです」

「え？ 信念の外に出られないのに、信念はそのほとんどが正しい、ですか？」

「そうなんです。その理由を明らかにするのは結構面倒なんですけど、でも、彼の考える『真理の対応説』が、結局『真理の整合説』的なものになってしまうことからすれば、わからなくもない話です」

「え、『真理の対応説』が、『真理の整合説』になるんですか？」

「そう。真理の整合説っていうのは、信じている多くのこととうまくつじつまが合うもの、つまり、それらと『整合的』であるものを、正しい（真である）とみなす考え方なんですけどね」

「でも、どうしてデイヴィドソンの場合、『真理の対応説』が、『真理の整合説』になっちゃうんですか」

「さっきの話だと、ほら、例えば、『猫が座布団の上にいる』という信念や発言を〈猫が座布団の上にいる〉という事態とつき合わせようとすると、その『事態』なるものが、すでに、僕たちの『信念』だって言いましたよね。つまり、結局、信念どうしをつき合わせて、つじつまが合っているかどうかを見ているという構図になっています」

「ああ、そっか。『つじつまが合っている』ということは、『整合的だ』ということですね。それで、結局、『真理の整合説』になっている。なあるほど」

「わかりました？」

「はい、多分。

　この場合、二つの信念、つまり、すでに持たれている『猫が座布団の上にいる』という信念が、新たに得られた『猫が座布団の上にいる』という信念と比較されて、両者が整合的であるということが確認されるわけですね。その場合、確かにそこには整合性が認められる。だけど、〈猫が座布団の上にいるから『猫が座布団の上にいる』という信念は正しい〉みたいな、そんな単純な整合性ばかりじゃないですよね、きっと」

「そうそう。例えばこんなの。名探偵ポワロが、『犯人はパディントン駅かキングズクロス駅のどちらかにいる』と信じているとしますよね。そこへ、助手のヘイスティングス大尉から、『犯人はキングズクロスにはいなかった』という知らせが届く。とすると？」

「はい。その二つのことを信じたポワロは、その二つとつじつまが合うもう一つのことを信じることになるわけですね？」

「そうです。ということは?」

「『犯人はパディントン駅にいる』というのを、正しいと思う」

「そうなんです。そんなふうにね、僕たちは、信じていることとつじつまの合うことを、さらに、正しいものとして信じようとするようです」

「でも、やっぱり、目の前にあるものについての信念は、もっと直接的に得られているような気がします」

「あ、見たらわかるということですね」

「はい」

「例えば、見たら、『ここに西田幾多郎の文書がある』とすぐわかる。それはそうなんだけど、そういう場合でも、ポワロの場合と似たような整合性という基準が、暗黙の裡《うち》に働いていると考えられるんです」

「え、そうなんですか?」

「そう。椎名さんは、これを見て、『ここに西田幾多郎の文書がある』と信じるわけですけど、それを見てもそう信じないような可能性を考えてみると、そのことは、わかりやすいかもしれません」

「それを見てもそう信じないような可能性ですか? ええと、そうですね。例えば、私、近視なんですけど、その上に、目を使いすぎていて、自分の視力にあまり自信がない場合とか」

「そうですね」

「それから、これは夢だと思い込んでいるような場合」

「はは、デカルトですね。それは極端ですけど。でも、そんなことをすでに信じていたら、それと、『ここに西田幾多郎の文書がある』という信念とは、うまくかみ合わないかもしれませんね」

「はい。目の前に西田幾多郎の文書がありそうですけど、見間違いかもしれないとか、夢の中のことで、本当はそんなものはないかもしれないとか、そんなことを考えてしまうかもしれませんね」

「そうそう。そういったことを考えてみますと、目の前になにかがあって、その実在するものに『対応』する信念を持っていると言い切ってすませられるような場合でも、信じている他のこと（例えば、『私は目がいい』とか、『私は今夢を見ているわけじゃない』とかいった信念）と整合的であることが、その信念が真であることの支えになっていると言えそうです」

「はい。わかるような気がします」

「そうなると、さっきのポワロの場合のように、目の前にないものについてなにかを信じる場合なんかだと、それはひたすら、信じている他のこととつじつまが合うことが、その信念の支えになっていることは、余計に明らかではないでしょうか」

「そうですね」

「もう一つ、例を挙げてみましょう。例えば、椎名さんは、自分が生まれたのは、いついつのことだと信じていますよね」

「はい」

「そして、それは、正しい信念だと思っていますよね」

「はい」

「でも、それって、椎名さんの信念を、なんらかの事実とつき合わせた結果、正しいとわかるというものなんでしょうか。もしそうだとしたら、椎名さんは、いつ、そのような事実を、椎名さんの信念とつき合わせたんでしょう」

「そうですね。それについては、自分の信念とつき合わせるべきものを私は持ってはいませんね」

「ですよね。椎名さん自身が物心のつく以前のことですからね。でも、自分がいついつに生まれたということを、椎名さんはしっかり信じていますよね。どうしてかな？」

「両親から、そう聞いていますしね」

「そう。それに、多分、椎名さんのご両親は、椎名さんに嘘をつくような人たちじゃない」

「はい。そう信じています。それに、戸籍にもそう書かれています」

「そして、戸籍も、多分いい加減なものじゃないと?」

「ええ、そう信じています」

「ということは、もし椎名さんがいつ生まれたかに関する椎名さん自身の信念が間違っているとすれば、その場合には、これまで正しいと信じてきたそれに関わる他の事柄が間違っていたと、考え直す必要がありそうですよね」

「でも、それは、よほどじゃないと、考えにくいです。あまりに多くのものが、私がいつに生まれたという信念の正しさを、支えてくれていますから」

「そうですよね。で、そんなふうに、結局デイヴィドソンは、整合性というものによって、信念が真であることを捉えさせようとする。となると?」

「ああ、そうか。つまり、私の信じていることの多くが真であると、考えるしかなさそうです」

「というわけです。

今、椎名さんにやってもらったような思考実験は、デイヴィドソンがなぜ僕たちの信念は本質的にそのほとんどが真であらざるをえないと考えたかを見るための、一つの方法でしかありません。だけど、それで、彼がなぜそのように考えるに到ったかを、感じとしてつかんでもらえたんじゃないでしょうか」

「はい、かなり実感してきました」

「とすると、なにか理由がない限り、僕たちが信じていることは、とりあえず真であるとするしかない。だから、ここにピザがあるとか、書類があるとかいったことは、そう信じている限り、さしあたっては真でしかないわけです」

「ですね」

「そうなると、デイヴィドソンの見方は、ある意味で、直接実在論的なんです」

「え、『直接実在論的』、ですか」

「そう、直接実在論。僕たちは、ものごとを、そのあるがままに認知しているという見解です。ここにピザがある。ここに書類がある。僕たちはそういうことを、完璧に直接的に正しいと信じているし、特に理由がない限り、それを信じてよい。特に理由がない限りというのは、例えば、『見間違いだった』とか思う理由が具体的に挙がらない限り、ということなんですけどね」

「ああ、そうですね」

「そんなわけで、デイヴィドソンは、一九七〇年代に発表した『概念図式という観念そのものについて』という極めて重要な論文の最後で、僕たちは、慣れ親しんだ諸対象と直接的に接触している、なんて言うんです」

「とすると、彼の結論は、ある意味で、すっごく単純なんですね」

「ある意味でね。ともかく、デイヴィドソンによれば、ここにピザがあるときに『ここにピザがある』と考えるのが正しい考えなんです。だけど、それは、信念と、信念ではない実在とをつき合わせるということじゃないんです。そうじゃなくて、そう思うんだったらそう思う、それだけなんです」

「で、なにか具合が悪そうな理由が見つかれば、考え直すというわけですね」

「そうそう。となると、やっぱり、すっごく単純ですよね、このデイヴィドソンの結論って。でも、本当は、これについて、彼は、かなり込み入った議論をするんです。だけど、今は、それに立ち入る必要はないと思います。

で、さっきの話に戻ると、例えば、『ここにピザがある』という信念は、単独で真であるように見えます。直接実在論的なんですよね。だけど、本当は、それもまた、暗黙の裡に、様々な信念に支えられているというのが、正解のようです」

「でも、そうすると、デカルトに戻って、他のすべての信念が偽でも、これだけは絶対に真なるものとして『私は存在する』と言うのは、いかにもありそうにないことになりませんか?」

「それが椎名さんの疑問なんですよね。おそらくあなたのおっしゃるとおりですよ。そもそも椎名さんが指摘したように、疑うという過程自体が懐疑の理由となる信念によって支えられていたわけだし、考える私が存在するというのも、本当のところは、様々な信念によって支えられているんじゃないでしょうか」

我と汝

「この話、現代哲学の様々な話題と結びつくんですよね。一つは、デイヴィッド・ヒュームやウィリアム・ジェイムズみたいに、そもそも心とか意識などといったものはあるのかという方向でものを考える哲学者がいるのですが、その人たちの見解とどう結びつけられるかということがあります。でも、今はむしろ、マルティン・ブーバーの見解とつき合わせてみると、問題は明確になるような気がします」

「マルティン・ブーバー、ですか?」

「そう。一八七八年に生まれ、一九六五年に亡くなった、ユダヤ人の宗教哲学者なんですけど、人間というものを考える上で、多くの影響を与えた人です。ブーバーは、人間には

『我―それ』という根源語と、『我―汝』という根源語があると言うんです。

『根源語』と言うのは、そのいずれを用いているかで、自分の在り方そのものが根本的に異なっているとブーバーは考えるからなんですけどね。我―汝の関係では、汝は我に対して対等な、ある力を持ったものとして現れます。ところが、我―それの関係では（この場合、『それ』は『彼』であったり『彼女』であったりしていいわけですが、その場合には）それ（彼、彼女）は、我とは対等ではなく、力のない対象と化しています」

「ああ、その違い、わかるような気がします。

ところで、それらの根源語においては、『我』は単独ではなくて、『それ』や『汝』と対になっていますね」

「そうなんです。ですからブーバーは、この二つの根源語を『対偶語』と呼んでいます」

「ということは、『私』という言葉は、本来、単独で機能するものではなく、あるものと対になって機能するはずのものだということですね？」

「そうなんです。ある場合には『それ』が、またある場合には『汝』が、『我』との関わりにおいてある。反対に言えば、『我』は、『それ』もしくは『汝』との関わりにおいてしかありえない」

「なるほど。『私』という言葉を使うのは、たいてい、誰か『あなた』と呼べる人に対してですよね」

「そうそう。そうですよね」

「だけど、ときには、『あなた』のいないところで、独白的なんでしょうか、『それ』について私は語ったりします」

「そうそう。あれはこうだなんて」

「ああ、それだったら、ブーバーの言おうとしていることって、そのとおりですよね。『我』はあるときには『汝』に対して現れ、またあるときには『それ』に対して現れる」

「そうすると、なにに対してでもない『我』というのは、ないわけです」

「そうですね」

「そうすると、椎名さん、デカルトに対して、なにか言いたいことが、出てきそうですね」

「そうですね。もしブーバーの言うのが正しいとしたら、すべてを否定した上での『私だけは少なくとも存在する』なんていう発言は、非常に奇妙な発言だということになりますね。それが関わりを持つはずの、『汝』も『それ』もないわけですから。……あ、いいえ、そうではありません」

「あ、気がつきましたか？」

「はい。デカルトは、『私が存在する』ということを、やっと見つけた『アルキメデスの点』だと言いますけど、その『私』から手品みたいにいろいろな観念を取り出して、それで『私』から外に出ようとするわけですよね。とすると、例えばその観念というのが、『汝』ではないけど、少なくとも『それ』と呼ばれる私の対象として、『私』という言葉の使用を支えていたわけですね」

「そう。デカルトは、そういう仕方で『我―それ』関係を暗黙の裡に維持していたと考えられるんです。それに、そもそも、彼の形而上学の語り口は、はじめから『我―それ』関係の中で機能していたとも言えるんです。汝を前にしない語り口、つまり、独白的なんですね。その独白の中で、『私は存在する』なんて言う。だから、その意味で、ずっと『我―それ』の『我』を語り続けていると言えるわけです」

「とすると、観念にせよなににせよ、デカルトは『私』だけをとりあえず存在するものとして認定しているみたいなポーズを取りながら、本当は、『私』以外のいろいろなものの存在を暗黙の裡に認め続けていたということになりそうですね」

「そういうことですね。となると、椎名さんがはじめに言ったことと同じで、結局、デカルトは、基礎づけ主義的なスタイルを採ろうとしながら、本当はまったくそれを徹底できないでいるというのが、正解のようです」

「そうすると、先生、デカルトの形而上学に、自然学的見解をはじめとする様々な確実性の低い信念が入り込むというのは、結局、かえって健全なことじゃないでしょうか」

「そうですね。もともと信念が互いに支え合っていたのであれば、その信念の一つのタイプである自然学上の見解が顔を出すのは、当然と言えば当然なんです」

「でも、デカルトは、すべてを捨ててやり直しているつもりだから、公式的には『我あり』からすべてが始まったというような態度で臨むしかないわけですね」

「そうです。そういうことなんです。

絶対に確かなものしか認めないというデカルトの気持ち自体は、旧来のものと決別して新たな学問を構築しなければならないという当時の状況からすると、理解できないことではありません。でも、デカルトの採った懐疑に基づく考え直しは、ある種の錯覚を、のちの人々に与えたように思います」

「『のちの人々』というのは、『基礎づけ主義』的発想を当然とする人たちのことですね」

「そう。絶対に確かなものだけから始めることを、正しいやり方だと思う人たちがいますよね。そういう人たちにとって、デカルトは大いなる先駆者だったわけです」

「そういう人たちにとっては、デカルトの形而上学の議論に自然学や常識が入り込むことは、不純物の混入に見えるんでしょうね」

「そう。椎名さんの言うとおりです。哲学者は、その不純物を除去して、デカルトの示した道を正しく進むのが使命だと考える。現象学の創始者であるエトムント・フッサールは、そういう人の一人でした」

「ということは、先生にとっても、やはり、混入した不純物と思われたものは、実は不純物ではなく、かえって、絶対確実と思われるものですら、確実度の劣る様々な信念に支えられるしかないことを示すものだったということですか？」

「そのとおりです。

ただ、僕は、デカルトのやったことを、意味のないことだったとは思っていないんです」

「どうしてですか？」

「デカルトは結局独自の筋道で、すべてをいったん心に還元して、それから再構築しようとしましたよね。あのような仕方で、自分が主張したかった自然学的見解を本当に保証することはできていないとしても、彼のやったことを、信念の整理のし直しの大がかりな一つの試みとして見るなら、彼は、実に興味深いサンプルを、僕たちに提供してくれたと思われるのです」

「あ、わりと先生は、デカルトに好意的なんですね」

「はい。彼は、自分がこうだと考えたことを理解してもらおうと、一生懸命頑張ったわけです。そして、そのことによって、のちの人たちが自分で考えるときに参考になりそうなことを、いっぱい残していきましたよね。絶対なんてことを信じない反基礎づけ主義者の僕としては、たとえ基礎づけ主義的であっても、人々に考え直すきっかけとなる発言をたくさん残したデカルトは、何度でも検討するに値する過去の偉人であったと思うんです。

でも、椎名さんは、結論を急がずに、よく考えてみられた方がいいと思いますよ」

「わかりました」

「ところで、先生、もう一つ、おうかがいしていいですか?」

「ああ、どうぞ」

志向性と観念

「信念の外に出られないというさっきの話、やっぱり気になるんですけど」

「ああ、そうでしょうね。わかります、その気持ち」

「信念って、心の中のものでしょ」

「そうですね」

「だから、信念の外に出られないというのは、心の中だけで勝手にものを考えているような、やはりそんな気がするんですけど」

「はいはい。じゃあ、こうしましょう。さっき、〈『雪は白い』という文は、雪が白いとき、かつそのときにのみ真である〉と言いましたよね」

「はい」

「椎名さんは、これ、そのとおりだと思いますか？」

「ええ、それは当然じゃないかと思います」

「だったら、〈『雪が白い』という信念は、雪が白いとき、かつそのときにのみ真である〉というのでもいいですよね」

「はい」

「この場合、『雪が白い』という信念が、話題になっています」

「そうですね。それがどういう場合に真なのかが、話題ですよね」

「ところが、それは、雪が白い場合に真なわけでしょ」

「はい」

「つまり、〈『雪が白い』という信念は真である〉ということと、〈雪が白い〉ということとが同じだと言っているわけじゃないですか？」

「ああ、そうですね。あれ？」

「わかりました？　〈『雪が白い』という信念は真である〉という、信念についてのある事態は、〈雪が白い〉という事態と同じなんです」

「え、ということは、ある信念が真であるということは、ある事態が成り立っているということ、ですか？」

「そうなんです」

「ええっ？」

「そこのところを、よく考えてみてください」

「あのー、信念を持つということは、心の中の出来事なのに、信じている事柄は、心の外の出来事だということですか」

「そのとおりです」

「つまり、心の中で考えていることは、心の外のものだということですよね」

「そうです。この場合にはね。心の中のことを考えている場合には、心の中のことですけど」

「あ、それはそうですけど、でも、一般には、心の中で信じていることなのに、信じられていることは、心の外のものなんですよね」

「はい。ある意味で、まったくあたりまえのことなんですけど」

「はい、……確かにあたりまえですけど」

「でも、不思議と言えば、不思議ですよね。でも、この不思議なことは、ずっと昔から知られていたんです。例えば、『志向性』という言葉、聞いたことないですか？」

「よくはわかりませんけど、現象学かなんかで、聞いたことがあるような……」

「そう。それって、心がなにかに向かっているということを、言うものなんですけど」

「え、なにかに向かっているんですか？」

「そう。例えば、信じているとき、それは、一般に、ある事態を信じているわけですよね」

「例えば、私が『今日はいい一日だった』と信じている場合ですと、その『今日はいい一日だった』という事態を、私は信じているわけですね」

「そうそう。なんらかの事態とか（場合によっては対象とか）を信じることなしに、信じるということがあるでしょうか」

「そんなことはありえません」

「ですよね。そのような場合、心はそうした事態に向かっていると考えられるわけです」

「それが、志向性なんですね。とすると、なにかを望んでいたり、なにかを愛していたり、なにかを恐れていたりするときも、やはり、心はなにかに向かっている、ということですね」

「そうそう。それもまた、心の志向性という在り方なんです。そして、その『志向性』という言葉で捉えられている事態こそ、先ほど椎名さんが言っていた奇妙な事態にほかならないのです。つまり、心が向かっている対象や事態、つまり、志向されている対象や事態は、心が関わるものでありながら、それ自体は、一般に、心の外のものなんです」

「ああ、わかります。なにか食べたいなんて思っているとき、その食べたいものは、心の中に存在するなにかではなくて、レストランにあるなにかだったりして」

「そうそう。そこで、志向性について、もう少し考えておくことにしましょう。

例えば、考えるとき、僕たちは、なにかを考える。喜ぶとき、僕たちは、なにかを喜んでいる。悲しむとき、僕たちは、なにかを悲しんでる。好きだと思うとき、僕たちは、なにかが好きだ。言い換えれば、思考はなにかについての思考であり、喜びはなにかについての喜びであり、悲しみはなにかについての悲しみである、などなど。このように、僕たちの心は、ある事態とか対象とかに向かうという在り方をしています。この『なにかに向かっている』とか、『なにかについてのものである』とかいった心の在り方が、今日では『志向性』と呼ばれているわけです。

そして、この志向性という在り方を強調する現象学とかサールなんかの『心の哲学』

が、現代の心の哲学の諸議論において、重要な役割を果たしています。ただ、『志向性』という言葉自体は、十九世紀後半以降に話題になったものなんです」

「歴史的には比較的最近のことなんですね」

「そうです。フランツ・ブレンターノというウィーン大学の先生が、言い出しましてね。ブレンターノは、一八三八年に生まれ、一九一七年に亡くなったドイツの哲学者で、ヴュルツブルク大学とウィーン大学で教鞭を執りました。もともとカトリックの司祭だったことから、ある事情があって、ウィーン大学教授を辞めることになるんですけど、ブレンターノは、教授職を辞したあとも、私講師として、ウィーン大学で教鞭を執り続けます。そして、数学で学位を取るためにウィーン大学に来たフッサールが、その後一八八四年から一八八六年にかけてブレンターノの哲学の授業に出て、それが機縁となって、フッサールは哲学に転じることになるんです。

それはともかく、一八七四年、ブレンターノがウィーン大学教授となった年に、彼は『経験的立場からの心理学』第一巻を出版するんですけど、この本の中で、心的現象を物的現象と区別する最も重要な積極的な特徴として、『志向性』の概念を導入するんです」

「ああ、それで、志向性というのが、以後、哲学の重要な概念として論じられることになるんですね」

「そうです」

「ところで、ブレンターノ自身は、その概念をどのように規定したんですか？」

「すべての心的現象は、『ある内容へ関わる』という在り方、もしくは『ある対象に向かう』という在り方をしている、そんな言い方を、彼はしています。言い換えれば、心的現象は、中世のスコラ哲学者の言う『ある対象の志向的内在ないし心的内在』というものによって特徴づけられる、と言うんです」

「え、ということは、志向性というのは、中世にそのルーツがあるんですか？」

「そう。中世のスコラ学者の間で、『志向』ということが言われていましてね。でも、それは、もとをただせば、アリストテレスの『ノエーマ』という概念にまで遡るんですけど」

「じゃあ、ルーツは、とっても古いんですね」

「そう。でね、そんなことを考えると、志向性というのは、中世以降、しばらくの間、ブレンターノが取り上げるまで、話題にならなかったように見えるかもしれませんね」

「だけど、実はそうじゃないんですね。『志向』とか、『志向性』とか言わないだけで」

「そのとおりです」

「デカルトの『観念』も、結局、『志向性』という現象を扱うためのものだったと言えそうですね」

「さすがですね、椎名さん」

「先生、おだてても、なにも出ませんから」

「はいはい、まあ、いいですけどね。ども、どうしてそう思うのかな？」

「デカルトの観念って、二つの面がありましたよね。それは、心の在り方なのに、心とは別のなにかを表している」

「そうそう。ということは、デカルトの心は、観念というものを媒介として、なにかに向かっているわけです」

「ですよね。神の観念を持っているってことは、心が神に向かうってことですよね」

「そうそう。でもね、それだからといって、なにか問題が解けると椎名さんは思いますか？」

「え、どういうことですか？　あ、もしかして、観念というのは、なにかを表すという役割を持つものだとしても、その表しているものは、実に様々なものがあるわけで、心の外のものもあれば、中のものもある。そのことですか？」

「そのとおりです。心がなにかに向かっているというだけであって、向かっているものが心を超え出ているかどうかは、別の理由によるしかなさそうですから」

「あ、つまり、外的対象を考えているのなら、外的対象を考えている、内的対象を考えているのなら、内的対象を考えている。心は、考えることのできるものについては、どんなものでも考えることができる。そのことを、志向性という言葉で捉えるとしても、心が心以外のものと関わるということが、それによって説明されたことにはならない。そういうことですね」

「そうなんです。志向性が、心と、心以外のなにかとの関係を言うものだとしても、それが本当に心の外にあるものであるかどうかは、それだけでは決まらない」

「なるほど。結局、志向性とは別の、なんらかの理由を挙げて、心の外について論じるしかないというわけですね」

「はい。こう言ってもいいかもしれません。志向性ということだけなら、なにか観念論的ですよね。心があるものを対象にしているというだけで、それが心の外に実在していることを言うものではありませんから。とすると、それを『観念』という言葉に置き換えても、それでなにかが解けるわけではない」

「結局、デカルトの場合、観念というものを突破口として使おうとしながら、それが有効に機能するかどうかは、観念の一般的な性格ではなくて、例えば物体への超出の場合ですと、自然学に依存しなければならなかったということですね」

「そうなんです。

ところで、ここまで来ると、なんだか椎名さんには、ロックの話まで聞いてほしいような気がしてきました」

「え、本当ですか。そうしていただけると、嬉しいです」

「でも、今日は、もうかなり長い話になりましたから、よかったら明日、日を改めてということでもいいでしょうか」

「先生のご都合はいいんですか？」

「はい。生島先生に、明日の夕方お会いする予定ですから、もしよかったら、明日のお昼すぎにでも」

「ああ、それは嬉しいです」

「そしたら、今日は、あともう少し、ロックをお話しするための予備的議論として、デイヴィドソンの話の続きをしておくことにしたいのですが」

「はい。よろしくお願いします」

「第三のもの」批判

「観念というのは、十七世紀のデカルトやロックにとって、物と心との間に入る、心の直接的対象だったんです」

「物と心との間に、観念が入るんですね」

「そう。観念そのものは、心の中にあって、心が様々な仕方でそれを扱うという構図です」

「わかります」

「この考え方だと、直接実在論的じゃないですよね」

「え、はい。物に直接触れているんじゃなくて、観念が対象なわけですから」

「そう。つまり、観念が『第三のもの』として、入り込んでいるわけです」

「なあるほど」

「デイヴィドソンの先生だったハーバード大学のクワイン。彼は、一九〇八年生まれで、二〇〇〇年に亡くなったアメリカの哲学者ですけど、このクワイン先生、『観念』というものを嫌ったんですよね。〈『観念』という観念〉という意味で、『観念観念』なんて言うんですけど」

「どうして嫌ったんですか」

「心の中にあって、本人にしかわからないようなものを相手にするんじゃなくて、人が互いに確認しあえるようなものを取り上げて、それでもって、着実にものを考えるべきだと考えたんです。

そのクワインが、世界に関するわれわれの信念、これは、普通、科学的な理論（つまり科学理論）の形を採るわけですけどね、彼は、この世界に関するわれわれの信念と、外界からのわれわれへの働きかけとがどのような関係を持っているかを探ろうとしたんです。そのとき、クワインは、外界そのものとわれわれの科学理論とを直接つき合わせるのではなくて、われわれの体の表面に外から与えられる刺激を科学理論とつき合わせようとしたんです」

「その考え方、わからなくはないですね。外界からの刺激を、私たちは、体の表面で受け止めている。だから、その体の表面に与えられた刺激と、それに基づいて私たちが形成する世界に関する信念との関係を、クワインはつきとめようとしたんですね」

「そうそう。クワインは、この刺激のことを、単に『刺激』とか、あるいは『体表刺激』とか言うんですけどね。そして、彼は、人間に対する体表刺激というインプットと、人間が提出する科学理論というアウトプットとの間の関係を見ようとしたわけです。もっと言うと、刺激は、理論が正しいかどうかを判定する『証拠』となると、クワインは考えたんです」

「あ、それもわからなくないですね。人間は、ある刺激のもとに、世界がどういうものかを考え、世界についての『理論』を作る。としたら、どのような刺激を受けるかが、その理論が正しいかどうかを判定するための拠り所となる。つまり、証拠なんですね」

「そうそう。ところが、デイヴィドソンは、このような考えを、強力に批判するんです」

「どうしてでしょう。……あの、もしかして、さっきの直接実在論的な考えと関係があるんでしょうか」

「そうなんです」

「『雪は白い』は、雪が白いとき、かつそのときにのみ真、なんですよね」

「そうそう」

「『ここにピザがある』という信念は、ここにピザがあるとき、かつそのときにのみ真なんですよね」

「そうです」

「だったら、信念が真であるかどうかを問題にする場合、体表刺激がどうであるかを持ち出しても、仕方がない」

「あ、いいじゃないですか、それ。だけど、どうしてかな?」

「クワインが科学理論の証拠として、体表刺激がどうなっているかを持ち出すとしても、それって、刺激がどうなっているかということでしかありませんよね。もし、当の科学理論が、例えばある地域の植物に関するものだったら、その理論の正しさを判定するのに、その植物を研究する人たちの体表に外から与えられた『刺激』の話をされても仕方がない」

「そうなんです。まったくそのとおりでね。だから、デイヴィドソンは、世界の在り方とわれわれの理論との間に『刺激』のような『第三のもの』を導入して考えようとするのを、徹底して退《しりぞ》けようとしたわけです」

「ああ、それで、『第三のもの』なんですね」

「そう。デイヴィドソンの言い方を借りると、われわれはあくまで『慣れ親しんだ諸対象』と『直接的接触』をしていて、『その諸対象のふるまいこそが、われわれの文や意見を真にしたり偽にしたりする』。だから、対象のふるまいと文や意見との間に入る第三のものなんかに用はない、というわけです。

しかも、そればっかりじゃなくて、デイヴィドソンはクワインの立場を『懐疑論的』だと批判するんです」

「え、どうしてですか？」

「同じ体表刺激を受けていても、その刺激に対応する外界の物や出来事が同じだという保証はないと言うんです」

「あ、つまり、複数の物や事象が同じ体表刺激を与えたり、同じ物や事象が人によって異なる体表刺激を与えたりする可能性があるということですか?」

「そうそう。だから、その意味で、体表刺激がその外にある世界の在り方を忠実に反映している保証はない。したがって、体表刺激に証拠を求めるクワインの考えでは、われわれは世界の在り方を捉えることはできない」

「なあるほど。だから、それだけ余計にデイヴィドソンはクワインの考え方を退けようとしたんですね」

「はい」

クワインは懐疑論者か?

「あ」

「どうしました、椎名さん?」

「そうすると、物と心との間に観念を入れて考えるという考え方、これも、第三のものを入れて考えるというものですよね」

「そう。そのとおりです」

「だとすると、『観念観念』を嫌ったクワインの場合と同じように、観念を入れる考え方も、懐疑論的だということになりますよね」

「そう。デイヴィドソンにとってはそうなんです。実際デイヴィドソンは、デカルトのことに言及して、それを懐疑論的だと言うんです。でも、本当にそうなんでしょうか」

「あれ、先生は、デイヴィドソンに賛成ではないんですか？」

「うん、実はね」

「どうしてですか？」

「デカルトの観念についての考えの背景には、実はこの世界の全体に関する信念が先行していたということは、以前ロンドンでお話ししましたよね」

「ええ、そうでした。ああ、先に世界がどうあるかについての信念があるわけですから、観念が間に入るからと言って、世界がわからなくなるわけじゃない」

「そうそう。ロックに関してはまた明日話しますが、同じことがロックの観念についても言えるんですよね。ですから、これを懐疑論的だというのは、あたらないんです。

まあ、そのことは、また明日ということにして、とりあえず、クワインのことについて、考えておきましょう」

「はい」

「クワインが体表刺激を持ち出すの、どうしてだと思いますか？」

「それは、私たちが世界について様々な考えを持つとき、世界から刺激を受けてのことだと、しっかり信じているからじゃないですか？」

「そうそう。で、例えばどんなふうに刺激は与えられるんでしょう」

「太陽からある種の電磁波として光が物に達し、物の表面で反射した光が人の眼球の網膜に達する。そうすると、網膜にある桿《かん》細胞、錐《すい》細胞が、電気化学的反応を起こすわけですね」

「そう。よくご存知ですね。視覚の場合、そんなふうにして、体表に刺激が与えられます」

「ということは、刺激というものを考えているクワインは、すでに、その刺激がどのような仕方で外界から与えられるかについて、少なくともその基本はわきまえていることになりますね」

「よく気がつきましたね。そうなんです。クワインの見解を見るとき、それに注意を向けるかどうかが大きな分かれ目なんです。じゃあ、そこから、デイヴィドソンに言うべきことが、なにか出てくるんじゃありませんか？」

「ええとですねえ、デイヴィドソンは、クワインの言う『体表刺激』は、外界の在り方を知る上で、バリアになってしまう。そんな捉え方をするんですよね」

「そう。外界の在り方を隠してしまうということで、ヴェールと言った方がわかりやすいかもしれません」

「そうですね。でも、体表刺激を導入するときっていうのは、外界の在り方はわからないけどともかく刺激が与えられているんだというんじゃなくて、刺激を与える外界の在り方の全体が、少なくともすでにある程度、わかっているわけですよね」

「そう。体表刺激というのは、世界の一要素で、世界の中でその位置が定められているものですからね」

「だったら、クワインが所期の目的のために体表刺激を導入するとき、彼はすでに、世界の全体像を持っているわけですから……」

「そうなんです」

「じゃあ、懐疑論的だというのは、変ですね」

「そう。デイヴィドソンの言い方だと、先に刺激だけが与えられていて、その向こうの世界は、刺激をもとに考えるしかないみたいです」

「だけど、先に世界の全体に関する信念があるわけですよね」

「そう。そういうことです。外界に関する信念が先行しているんです、クワインの場合。だから、それを懐疑論的というのは、論理の誤解と言わざるをえない。

しかし、だからといって、クワインが科学理論の問題を考えるために体表刺激に注目したのが正解だったかどうかは、別の話ですけどね」

「なるほど。

でも、そうすると、観念の場合でも、事情は同じかもしれませんね。物と心との間に観念を入れても、ヴェールを入れることにはならない。そう先生はお考えなんですね」

「そのとおりです。そのあたりのことが、多分明日の話題の一つになると思います」

二人は、話をとりあえずそこまでとして、明日落ち合う場所を相談した。

解説　その二

ゆかりとラルフ、勧修寺での予期せぬ再会でした。その二人が、デカルトをめぐって、いくつかの重要な議論を始めます。

まず、問題になるのは、デカルトがすべてを偽として捨てた上で、「私は存在する」を唯一確かなことと認定することの是非ですが、これが、三つの観点から検討されます。

一つ目は、懐疑の過程でこれまで信じてきたことを疑わしいとする理由となったものの地位です。これがなければ、すべてを捨てることはできず、したがって、「私は存在する」を唯一確かなものと認定することもないわけです。ということは、すべてを捨てるにしても理由が必要で、まったく無から出発することはできそうにないということです。

二つ目は、全体論との関係です。ピエール・デュエム（一八六一—一九一六）やルードルフ・カルナップ（一八九一—一九七〇）やW・V・クワイン（一九〇八—二〇〇〇）は、科学理論について、仮説を単独で検証することはできず、仮説の検証においては複数の命題が全体としてチェックされることになり、したがって、仮説が偽であることは一意的には決まらないと考えました。これを一般化して言えば、私たちが信じていることは、様々な繫がりを互いに持っているのが基本です。そこで、すべてを偽として捨てながら、ある命題だけは真であるとするデカルトのやり方が、本当に文字通りすべてを捨てたものであるかどうか、あるいは、「私は存在する」は本当にすべてを捨てた上で確実とされるものかどうかが、問題となるわけです。

三つ目は、「私」というのが、他の一切のものが存在しなくても機能する言葉かどうかという点です。そこで、これを論じるために、ラルフはマルティン・ブーバー（一八七八―一九六五）の『我と汝』（一九二三年）を取り上げます。この本の中で、ブーバーは、「我」が対偶語として現れる、つまり、「我―汝」もしくは「我―それ」という関係の中で使用されるものだと言っています。これが本当だとすると、「私は存在する」とデカルトが言うとき、本当は「私」だけが存在するわけはないのです。

こうした三つの観点からの考察は、デカルトの「基礎づけ主義」に、疑問を投じることになります。そして、このことは、デカルトの第一哲学における考察に自然学的知見が入ることについて、別の見方を可能にしてくれることになります。つまり、ゼロから始め直そうとする「基礎づけ主義」ではなく、すでに信じていることをもとに考察を進めるしかないという、クワイン的な「自然主義」、もしくはリチャード・ローティ（一九三一―）的な「自文化中心主義」の観点からのデカルトの見直しです。

科学について考察するのに、科学自身を用いる。こうしたタイプの自然主義は、悪しき「循環」でしかないと、かつては大変な攻撃を受けました。十九世紀に、すべての科学的な営みが人間の心によって行われるとしたら、科学の問題に関する考察は、科学の一つである心理学を基礎学として行われるのは当然だという考えがありましたが、これに対して、フッサールが『論理学研究』の「プロレゴーメナ」(一九〇〇年)でこれを厳しく退けようとしたのは、そうした批判の典型的な現れでした。このフッサールが、『厳密な学としての哲学』(一九一一年)の中で、次のように言っています。

一般的にいって、ある謎が自然科学に原理的に内在しているのであれば、この謎を解決することは、その前提と結果からみて、明らかに自然科学を原理的に超えている。自然科学そのものに付着している——徹頭徹尾自然科学のはじめから終わりまで付着している——問題のいっさいの解決を自然科学自身に期待しようと欲したり、あるいは自然科学がこのような問題の解決のために何らかの前提を寄与しうるなどと考えたりすることは、とりもなおさず背理的な循環におちいることにほかならないのである。(フッサール『厳密な学としての哲学』、小池稔訳、細谷恒夫編『世界の名著51 ブレンターノ

フッサール』、中央公論社、一九七〇年、一一九頁)

フッサールには、科学ではない、科学とは独立した基礎学としての哲学の、構想と希望がありました。しかし、科学的信念とも健全な常識的信念とも関わりなく成立する自立的な学問としての第一哲学がいかにして可能であるかについては、いまだに決着がつかないまま、今日に至っています。

そんな中で登場するのが、ローティの「自文化中心主義」の考え方です。そうした第一哲学を求めるのはもうやめにして、とりあえず自分たちが正しいと思うこと、真なる信念だと思うことから始めることで、手を打とう、そして、もっといい考え方と思われるものに行きあたったら、喜んでそちらに乗り換えようと言うのです。彼の『哲学と自然の鏡』(一九七九年)は、一方では多くの人々に歓迎されましたが、他方では、絶対的基礎がなければならないと信じている人々には、ふまじめなものに映りました。

ところが実は、このようなデカルト的「第一哲学」に対する決別の姿勢は、ローティに大きな影響を与えたクワインが、前世紀の後半に、繰り返し表明してきたことでもありました。科学を解明するのに科学を使用することの循環性を、クワインはあえて引き受けようとするのです。それは、ローティ流の「自文化中心主義」の先取りでもありました。自分がある科学を受け入れているのなら、それを用いて科学を考察するのは当然だとクワインは考えているのです。

「はじめに」でも触れましたように、この問題は現代の状況において極めて重要な意味合いを持っています。そこで、フッサールとクワインとローティのこうした見解については、本書第五章で改めて論じることにします。

因みに、私事で恐縮ですが、私自身は、二十代前半のデカルト研究が発端となり、クワインやローティとほぼ同じ結論に至ることになりました。私は、しかし、これを「循環」と言うのは、誤解を招くものと思っています。むしろ、それは、螺旋階段を昇るようなものです。同じところをぐるぐる回って堂々めぐりをするのではなく、何度もめぐることによって、次第にこれまでよりもものごとがなんらかの意味で「よく」見えるようになる。科学の見直しに限らず、人間の知的営みの原型は、そういうところにあると思うのです。

さて、本章でのもう一つの話題は、「観念」と「志向性」との関係です。「志向性」というのは、十九世紀後半にフランツ・ブレンターノ（一八三八―一九一七）が、中世のスコラ哲学から導入したもので、彼の『経験的立場からの心理学』第一巻（一八七四年）に現れます。そして、これがフッサールに継承され、その後、主として現象学系の哲学者によってテクニカルタームとして使用されるようになります。また、その流れとは別に、「発話行為論」の研究で知られるJ・R・サール（一九三二―）が、前世紀の七〇年代半ば頃から、発話行為論の基礎理論を構築すべく「心の哲学」に属する考察を行うに際して、「志向性」の概念を用いるようになります。

ブレンターノが導入した「志向性」は、ラルフも言っていましたように、もとをただせば中世の「志向（インテンティオー）」に由来し、それはまた、アリストテレスにまで遡るのですが、西洋近世においては、この志向性をめぐる議論が、「志向」とか「志向性」とかいった言い方ではなく、別の言い方で行われます。そのうちの主要なものが、「観念」なのです。

第一章で述べましたように、「観念」という言葉は、デカルトが近代的な仕方で使用するようになった「イデア」が基になっています。彼が言うように、観念には二つの面があります。一つは、心の在り方であり、「作用」とか「様態」とか言われます。他方、観念はなにかを表し、その表されたものも、観念と呼ばれます。観念がなにかを表す。このことが、心がある対象に向かうという、のちに「志向性」と呼ばれる心の性格を、表現したものと考えられます。

しかし、観念がなにかを表すものであるとしても、その表されたものは、心の外のものであったり中のものであったり、様々です。とすると、その表されたものが、例えば物体のように「外にあるもの」であるかどうかは、観念がなにかを表すということだけで確定するものではありません。この意味で、志向性という概念を導入したからといって、そうした問題が解けるわけではありません。つまり、観念が表し、心が志向する対象がどういうものであるかは、志向性理論とは別の、もっと実質のある具体的な考えによるしかなさそうです。その意味で、観念を突破口として心を超え出ていこうとするデカルトの議論に自然学的要素が入り込むのは、当然のことであると考えられるのです。

ところで、デカルトの支持者の一人であったアントワーヌ・アルノー（一六一二—一六九四）は、観念を「作用」として理解し、他方、ニコラス・マールブランシュ（一六三八—一七一五）は、観念を「対象」と捉え、両者の間で論争が起こります。これは、デカルトが「観念」に与えた二つの規定に起因するもので、この二つの捉え方は、今日でも、近代観念説の解釈において、様々な論争のもととなっています。

本章の最後の話題は、クワインの高弟の一人であったドナルド・デイヴィドソン（一九一七—二〇〇三）が行った、「第三のもの」批判です。これは、対象とわれわれとの間に第三のなにかを考えることの是非を問うものです。クワインは、世界とわれわれが持つ科学理論との間に体表刺激を入れて、その刺激と理論との関係を考えようとしましたが、デイヴィドソンは、世界の在り方をわからなくする懐疑論であるとして、これを退けようとします。しかし、デカルトの場合にもそうでしたが、クワインの場合にも、世界がおおよそどのようなものであり、外界と体表刺激との間の関係がどのようなものであるかは、すでに、かなりの程度に知られているのです。ですから、体表刺激を重視すると言っても、その外側のものとの結びつきがそれなりにわかった上でのことですから、これをもって懐疑論的と言うのはあたりません。

このクワイン擁護の議論は、第三章でロックの観念を論じるときに、重要な視点を与えてくれます。ロックが物そのものと心との間に認める観念は、ヴェールとして働くと伝統的に言われてきたのですが、実はロックの場合にも、クワインと似たような事情があるのです。

フッサールについては、先ほど言及した『厳密な学としての哲学』や、「解説　その一」で挙げた『デカルト的省察』を、まずはお読みいただければと思います。ブーバーについては、マルティン・ブーバー『対話的原理』I（田口義弘訳、みすず書房、一九六七年）がお薦めです。ローティは、主著『哲学と自然の鏡』（野家啓一他訳、産業図書、一九九三年）や、論文集『連帯と自由の哲学』（冨田恭彦編訳、岩波書店、一九八八年）をご覧ください。クワイン、カルナップ、デイヴィドソンに関しては、拙著『クワインと現代アメリカ哲学』（世界思想社、一九九四年）を、とりあえずご覧いただけるでしょうか。

次章は、いよいよロックです。その「自然主義」的論理が、主題となります。

第三章　これがロックです

ロック

翌日、賀茂川沿いの道路に面した見晴らしのよい喫茶店で、二人は待ち合わせた。

一時半すぎ、店に入ってきたラルフは、先に来ていたゆかりを見つけて、テーブルについた。

「おまたせ」

「あ、私も今来たところです。すみません。二日も続けてお時間をいただいてしまって」

窓の外の賀茂川の遥か向こうに、比叡山が見える。

二人はまずは飲み物を注文し、それから話に入った。

「じゃあ、昨日の続きだけど、今度はロックの話です」

「ハードなロックの？　あ、発音が違いますよね」

「ははは、ご期待に添えずに残念ですが、ジョン・ロックの話です。しかもかなりソフトな」

「西洋社会思想史の授業で、少し聞いたことがあります。確か、一六三二年生まれの、イギリスの哲学者で……」

「そうそう。一七〇四年に亡くなった人です」

「ということは、デカルトが十七世紀前半に活躍したのに対して、ロックの方は、同じ世紀の後半に活躍したということですね」

「そのとおりです。そして、この人も、『観念』という言葉を盛んに使いました」

「ロックはイギリス人ですから、ラテン語の『イデア』じゃなくて、英語の『アイディア』の方ですね」

「そう。今だと『アイディア』は、ごくあたりまえの英語の言葉だけど、当時はまだ一般には馴染《なじ》みがありませんでした。

それはともかく、彼は、『観念』を『心の中』にあるものとし、それを、心（もしくは心の働きの一つである知性）の『直接的対象』だと言うんです」

「ということは、間接的な対象がなにかあるということですね？」

「そうそう。観念というのは、『心の中』にある。これに対して、心の外には、『物』とか『物体』とか言われるものがあって、でも、これは、直接知覚されるものじゃないんです」

「もしかしたら、デカルトの場合と同じですか？」

「大筋は、そのとおりですね」

「とすると、物とか物体とかは、それ自身が私たちに刺激を与えて、それが脳にまで伝達されて知覚されるというわけですから、本当に知覚されるのは物体とは別のものなんですね」

「そうなんです。そもそも、デカルトの場合、物体と、直接知覚される『観念』とは、広い意味での原因・結果の関係に立つものでした」

「広い意味でのというのは、脳に運動や形が伝達されることが、直接、心の中に観念を引き起こすわけじゃなくて、それが『機会』となって、心の中に観念が生み出されるということだからですね」

「そうそう。ロックの場合も、その点では同じで、彼は『機会』ということをデカルトみたいに強調したわけじゃないけど、脳に運動が伝達されるとどうして心の中に観念が生み出されるかは、神のみぞ知るという立場を採ります。でも、ともかく、物と、直接知覚される観念とは、別もので、それらは、広い意味での因果関係に立つことになります。

そして、そうした物が、心の外の世界を形成していると、ロックは考えるわけです。ロックによれば、心は脳に位置していて、その心の中に、様々な観念が、経験によって取り込まれますが、物は、心が直接知覚するものではありません」

「今、先生は、『経験』ということをおっしゃいましたけど、ロックの場合、経験というのは、どういうことを意味するんですか？」

「ロックが『経験』と言っているものは、『感覚』と『反省』です。

「え、何ですか、それは？」

「さっき、心の直接的対象となるのは、物ではなくて観念だって言いましたよね」

「はい」

「ロックによれば、物は僕たちの心に現れる（つまり、現前する）ことがなく、それに代わって観念が心に現前する。この場合、観念は、心に現前しない物に代わって物を表すと、ロックは考えるんです」

「物は心に現前せず、物に代わって観念が心に現前し、その観念が物を表すわけですね」

「そう。そして、観念が物を表すということを、『表象する』というふうに言うんです。つまり、ロックの場合、僕たちは、物を直接知覚するのではなく、物を表象する別のなにかを知覚するわけです。そして、このような考え方は、『知覚表象説』と呼ばれています」

「知覚表象説、ですね」

「そう。この見解は、物は存在しないと言っているわけじゃないから『実在論』。だけど、物が直接知覚されるとする『直接実在論』の立場とは違って、物を表象する別のなにかが物に代わって知覚されるというわけだから、『表象的実在論』とも言われます」

「なあるほど」

「ところが、この知覚表象説、ロックが一六九〇年に『人間知性論』でこの見解を提出して以来、ずっと評判が悪いんです」

「え、……ああ、もしかして、心に物が現前しないのなら、どうして物があるのがわかるのか、とか……」

「そのとおりです。昨日話した、『第三のもの』の問題なんです。観念という『第三のもの』が、物と心との間に入り込んでいる。物が現前しないのなら、物が存在するということも、物がどのような性質を持っているかということも、わからないじゃないかと言うんです」

「ロックの考えは、物に関する知識を得ることを不可能にすると見られたわけですね」

「まったくそのとおりです。『人間知性論』の出版当時から、今日に至るまで、本当に長い間、多くの人々がこれを言い続けてきました。その実際を見てもらおうと思って、少々資料を用意してきましたので、説明しましょう」

「お願いします」

「まず、ジョージ・バークリという、観念論を主張したイギリスの哲学者から。彼は、ロックの観念説をある仕方で受け継ぎながらも、ロックの考えを、観念と物の『二重存在』を認める懐疑論的見解の一種と見て、これを退けました。『人間の知識の諸原理についての論考』（簡単に『原理』と言われている彼の著作）の中で、バークリは、ロックの考えの前提となっている二重存在説に言及して、こんなふうに言っています。

〔この二重存在の肯定〕は、懐疑論の源泉にほかならない。というのも、実在物が心の外に存立し、自分たちの知識は実在物と合致する限りにおいてのみ実在的であると人々が考える限り、彼らは自分たちが実在的知識を持っていると確信することができないからである。というのも、知覚されるものが、知覚されないもの、あるいは心の外に存在するものと合致することが、どうして知られようか。(George Berkeley, *A Treatise Concerning the Principles of Human Knowledge*, in A. A. Luce and T. E. Jessop [eds.], *The Works of George Berkeley, Bishop of Cloyne*, 9 vols. [London: Nelson, 1948-57], ii. Part I, §86)

バークリの言わんとするところは、わかりますよね」

「はい。観念と実在とが合致することで本当の知識が得られるとしても、実在は知覚されず、観念だけが知覚されるのであれば、両者が合致していることがわかるはずがない。そう言っているわけですね」

「そうそう。

じゃ、その次。今度は、スコットランド学派のトマス・リードです。彼は、観念という概念を用いる見解のすべてを懐疑論的なものとみなして、こんなふうに言っています。


ロック氏は、デカルトに劣らず、観念の理説が、われわれの外なる物質的世界の存在を証明する必要性を生じさせるとともに、その証明を困難にすることに気づいていた。なぜなら、その理説によれば、心はそれ自身の内なる観念の世界しか知覚しないからである。デカルトばかりでなく、マールブランシュもアルノーもノリスも、この困難を知覚しており、それを除去することを試みたが、あまり成功しなかった。ロック氏も同じことを試みるが、彼の議論は脆弱《ぜいじゃく》である。(Thomas Reid, *Essays on the Intellectual Powers of Man*, in William Hamilton [ed.], *The Works of Thomas Reid*, 2 vols. [6th edn., Edinburgh, 1863; repr. Bristol: Thoemmes Press, 1994], i. p.275)

これも、趣旨はわかりますよね」

「はい。さっきのバークリのと、基本は同じみたいです」

「そうですね。

これらは、いずれも、十八世紀の人の発言ですけど、現代のロック研究者の間でも、このような見解は一般的です。例えば、現代の代表的ロック研究者の一人であるジョナサン・ベネットはどう言っているかというと……ここですね。

ロックは、客観的世界、すなわち「実在物」の世界を、われわれには手の届かない知覚のヴェールの向こう側に置く。それゆえ私は、彼の思想のこの面を、「知覚のヴェール説」と呼ぶ。もっと普通に使われているのは、「知覚表象説」という呼称であるが、これは満足のいくものではない。なぜなら、それは、その説のどこがよくないかを表現しないからである。(Jonathan Bennett, *Locke, Berkeley, Hume* [Oxford: Oxford University Press, 1971], p.69)

また、R・I・エアロンという高名なロック研究者も、同じ趣旨の主張を、こんなふうに行っています。

今日、〔知覚表象説〕の欠陥は、まったく明らかである。第一に、観念しか与えられないのであれば、われわれが決して見たことのない原型をそれが十全に表象しているかどうかが、どうしてわかるのか。表象が正しいか正しくないかを知るためには、われわれはまず原型を見なければならない。ロック自身、この批判に気づいていたようであるが、それがどれほど破壊的でありうるかを十分に悟っていたかどうかは不明である。……表象が信頼できることを知るためには、われわれはまず原型を見なければならないが、原型を見るのであれば、表象を見ることは間違いなく余計なことである。第二に、われわれの前にある証拠に基づいてこれらの原型が確かに存在すると主張する権利をわれわれは持たないのであるから、〔知覚表象説〕には欠陥がある。われわれは、模写を見るだけである。そうすると、それらが模写であり、われわれが決して直接経験することのないある原型を模写しているということが、どうしてわれわれにわかるのか。観念が模写すると想定される究極の対象を否定することが、自己矛盾を犯すことなく可能となり、観念論への道が開かれることになる。(Richard I. Aaron, *John Locke* [3rd edn., Oxford : Oxford University Press, 1971], pp. 102-103)

こうした否定的な見方を示す哲学者は、ロック研究者に限らず、今でも多いんです。分析哲学の展開に多大の貢献をなしたギルバート・ライルは、かつて、ロックを評して、『独立的実在物に対する心的代理物……を想定しても、いかにしてわれわれが物について考えたり知識を得たりできるかという問題……に、光が投ぜられるわけではない』と言い、『その想定によって具体化される理論……は、それがもし真であるなら、独立的実在物に関する知識を、あるいはそれに関する蓋然《がいぜん》的意見すら、まったく不可能にする』と主張しています（Gilbert Ryle, 'John Locke on the Human Understanding', in C. B. Martin and D. M. Armstrong [eds.], *Locke and Berkeley* [London: Macmillan, 1968], p.22)。それから、二十世紀後半の哲学界に衝撃を与えたリチャード・ローティは、『哲学と自然の鏡』で、ロックの見解を『観念のヴェール懐疑論』と呼びましたが、これもまた、同じ視点からロックを見ようとするものでした」

「なるほど」

仮説的に考える

「そうした否定的見解、わからなくはないんですけど、なんだか変ですね」

「どうして？」

「だって、直接現前しないからわからないなんて。それだったら、私たち、理科の時間に教わったことの多くを、信じないようにしなきゃ」

「おや」

「理科の先生、電子はどうだとか、陽子はどうだとか、K殻とL殻はどう違うとか、DNAはどういう構造だとか、直接知覚できないものについて、いろんなことをいっぱい教えてくださいましたけど」

「そうですよね」

「直接現前しなければわからないということで、ロックの知覚表象説をおかしいと言うんだったら、そう言う人たちは、今の理科教育もおかしいと思うんでしょうね」

「椎名さん、いいことをおっしゃる」

「え、そうですか?」

「そこが重要なところなんです。僕たちは、直接知覚できないものの存在を、たくさん信じて生きていますよね。かつて、物理学者のフォン・ヴァイツゼッカーは、科学っていうのは古くから知覚不可能なものに向かう傾向を持っていて、知覚可能なものを知覚不可能なものによって説明しようとしたと言いましたが、本当にそのとおりなんですよね」

「そう言えば、紀元前六世紀のタレスがギリシャ科学の始まりと言われていますが、彼も、すべてが水からできているなんて言ったそうで……」

「そう。普通には、これは水で、これは土で、これは木で、なんて言うところを、彼はすべて水からなっていると言う。でも、どうみても、彼方の山が水からできているなんて、見てわかるわけじゃありません。でも、彼には、すべてが水からできていると主張する理由があったんですよね」

「そうですね。すべてが生きているという当時一般的だった見解、それに、水と生命との密接な関係。そういうものから、彼は、あらゆるものが水からなっているという結論を出したと、推定されています」

「そうそう。そんなふうに、科学は、様々な理由から、直接知覚されているのとは違うものを、実在するものとして考えるという方向性を持っていた。古代ギリシャの時代からすでに、見たままをそのまま信じるのではない方向に向かって科学は進んできたと言えるわけです」

「そういうのって、今風に言えば、『仮説』的にものを考えているんですよね」

「そう。直接知覚できるものを手掛かりに、こういうふうになっているんじゃないかと考え、試してみる。こういうふうにというところは、必ずしも、直接知覚されなくていいわけです」

「電子や陽子なんかも、仮説的方法で考えられたものですよね。だったら、ロックも同様に、仮説を頼りとしていたんじゃないですか？　……なんて、そう簡単にはいかないですよね」

「いやそれが、椎名さんの言うとおりなんです」

「え、ほんとに？」

「ほんとほんと。前に、十七世紀に古代の原子論が復活して、デカルトもその影響を受けていると言いましたよね。だけど、デカルトは、真空の存在を認めなかったので、原子論の継承者とは言えない。ところが、真空をも認める立場で原子論を継承する人々が、この時代に出てきます。一般にその立場を、『粒子仮説』とか『粒子哲学』とか呼んでいます」

「粒子仮説、ですか」

「そう」

「原子論を復活させたということは、この世界は原子と空虚からなると考えるわけですね？」

「そうなんですけど、『原子』の代わりに一般に『粒子』という言い方をしたんです。真空の中に粒子が存在していると考えるのが基本でね」

「とすると、古代ギリシャの原子論の場合と同じで、粒子は、形や大きさなんかは持つけど、色や味や熱さ・冷たさなんかは持たないわけですね」

「そうそう。そして、『人間知性論』に見られるロックの『心の哲学』の基本的枠組みは、この粒子仮説がベースになっているんですよね、これが」

「そうなんですか」

新たな「物そのもの」

「でも、それじゃあ、ロックの知覚表象説は、どんなプロセスでできたんですか？」

「あのね、ロックはそれをはっきり言わないものだから、さっき言ったように、実に多くの人々が、ロックの知覚表象説は、物と心との間に観念をヴェールのように入れるものだと考えたわけです。でも、ロックの言葉をつぶさに見ると、観念がヴェールなんかでは決してないことが浮かび上がってきます。それは、椎名さんの言うように、知覚表象説がどのようにして形成されたかを見れば、わかると思いますよ」

「でも、ロックは、その形成過程について、はっきりとは言わないんですね」

「そうなんです。だけど、手掛かりは、いろいろあります。一番大きな手掛かりは、ロックが知覚表象説の考えを示すときに、『物』とか『物そのもの』として扱っているものが、日常僕たちが物だと思っているものとは違うということです」

「あ、それって、つまり、粒子仮説なわけですね」

「そうそう。彼の知覚表象説では、直接知覚されない『物そのもの』というのは、粒子仮説が物と考えているものなんです」

「つまり、物は、形や大きさなんかは持つけど、色や味や熱さ・冷たさなんかは持たないと言うんですね」

「そう。ロックは、物が持っている形や大きさなどの性質を、『一次性質』と呼んでいましてね。そして、物というのは、『一次性質』だけを持つ、小さいため知覚できない『粒子』だと、粒子仮説では考えます。それが、一つだけで存在したり、大きなかたまりになっていたりするわけです」

「でも、私たちは、物には色や味や熱さ・冷たさなんかがあると思っていますよね」

「そうです。実際、僕たちに見える物には、しっかり色がついているし、触ると冷たかったりしますよね。ところが、ロックは、そういう性質を物そのものは持っていないと考えるんです。

じゃあ、どうしてそういう色とか味とか、物が持っていない性質が知覚されるかということ」

「そこが問題ですね」

「そう。粒子は一次性質しか持っていない。だけど、その粒子が僕たちの感覚器官に刺激を与え、その刺激が脳にまで伝わると、どういうわけか……」

「あ、神のみぞ知るですか？」

「そうそう。どういうわけか、それに対応して、心の中に、形なんかだけじゃなく、色や味や熱さ・冷たさなんかの観念が現れると考えるんです」

「つまり、形なんかだけじゃなくて、色や味なんかも知覚されるということですね」

「そうそう、そういうことです」

「今先生は『刺激』という言い方をされましたけど、実際にはロックはどのように説明しているんですか?」

「ロックはあまり詳しいことを言わないんですけど、ええと、ちょっと待ってくださいね」

ラルフは、バッグから、ニディッチ版の『人間知性論』を取り出す。

「ええとね、このあたりなんですけど。そうそう、これこれ。ちょっと読んでみますね。


われわれが「白さ」と名づける感覚ないし観念は、ある数の小球、すなわち、自分自身の中心を中心とする旋回力を持ち、ある度合いの進行速度と回転とをもって目の網膜を打つ小球によって、われわれの内に生み出されると想定するなら、そこから容易に、次のことが帰結するであろう。すなわち、ある物体の表面の諸部分が、より多くの光の小球を反射し、われわれの内にこの白さの感覚を生み出すのに適する特有の回転を、それらの小球に与えるような配列になっていればいるほど、……その物体はより白く見えるであろう。

例えばこんなふう。ここでロックは『光の小球』と言っているけど、光は粒子だと考えているんです。この粒子が、ある物体の表面にあたる。その物体も、粒子からなっている。その物体の表面を作っている粒子が、どんな種類でどのように組み合わさっているかによって、ぶつかった粒子に与える運動に違いが生じるというんです」

「『自分自身の中心を中心とする旋回力』というのは、スピンのことですね」

「そうそう。コマみたいにくるくる回る光の粒子が、目の網膜にあたるわけ。そして、網膜に運動が伝わり、その運動が、神経を経て、脳に伝わる。そうすると、さっき言ってくれたように、なぜかは神しか知らないけど、心の中に、『白さ』の観念が現れるというわけです」

「基本はデカルトと同じみたいですね」

「そのとおりです。でね、ロックは物がわれわれの感覚器官に刺激を与えることを、『触発する』なんて言いますが、この触発によって与えられた刺激は、あくまで『運動』なわけですね。今だと、違う説明をしますが、昔のことですから、『運動』で考えようとしたんです。そして、ここが重要なんですけど、物そのものは、一次性質しか持たないですよね。ところが、一次性質しか持たないにもかかわらず、われわれの感覚器官を触発することによって、物が持たない色の観念などを、心に持たせることになる」

「はいはい」

「ということは、物そのものは、われわれの心に色や味や熱さ・冷たさなんかを感じさせる『能力』を持つ、と考えたっていいじゃないですか」

「そうですね」

「そこで、ロックは、こうした能力、つまり、われわれの心に物が持っていない色や味などを感じさせる能力のことを、『二次性質』と呼んだんです」

「あ、なるほど。でも、二次性質というのは、一次性質とは別のなにか特殊な性質というものじゃなさそうですね」

「そう。物は一次性質を持っているだけ。ところが、それだけなのに、他のものに影響を与えてしまう。それなんです。他のものが、僕たちの感覚器官の場合、それに影響を与えて、物が持っていない性質を感じさせてしまう。そうした能力が、『二次性質』なんです」

「わっかりました。じゃあ、さっきの話に戻りますと、ロックの知覚表象説では、物というのは、そのように、一次性質しか持たない粒子からなるということで、私たちが日常親しんでいる『物』とは違うわけですね」

「そうです」

日常的な「物」の行方

「ロックが知覚表象説において粒子仮説の言う物を『物そのもの』と考えているのはわかりましたが、それだったら、私たちが普段『物』だと思っているものは、物じゃなくなるわけですね」

「そう。どちらも『物』です、というわけにはいかなくてね」

「とすると、あ、それって、心の中に移されるわけですね、観念として」

「そのとおり。僕たちは、普段、いわば色つきの物を物とみなしているわけですけど、粒子仮説では、新たに、色などを持たない粒子の一つ一つまたは粒子のかたまりを、本当の物そのものだと考えるわけです。仮説的にね。そして、われわれが五感によって知覚するものを、それらの新たに導入された物そのものが原因となって、われわれの心の中に生み出される『観念』として捉え直すんです。だから、椎名さんの言うように、僕らが日常『物』とみなしているものは、心の中の観念の一種として捉え直されるわけです」

「具体的には、どういうふうにですか」

「ええとね、ロックは単純観念と複合観念とを区別します。複合観念は、単純観念が組み合わさって作られたものだというのが、基本的な考え方です」

「私たちが日常的に『物』だと思っているものは、形や色など、様々なものの寄せ集めだと考えられますよね。ということは……」

「ということは？」

「その場合に、私たちが知覚する形や色は、新たに導入された物そのものが、私たちの感覚器官を触発した結果心の中に生み出される観念とみなされるわけですよね」

「そう」

「だとすると、私たちが日常『物』だと思っているものは、そうした『観念』の集まり。あ、だから、複合観念の一種なんですね」

「ピンポーン。まったくそのとおりです。ロックはそれを、『実体の複合観念』と呼んでいます」

「実体の複合観念、ですね」

「そうそう」

ヴェール説なのか？

「だったら、ロックの知覚表象説がどのような順序でできあがったか、椎名さんにはもうわかったんじゃないかな？」

「ええと、日常的には、私たちは、色つきの物を、『物』だと思っているわけですよね」

「そう。それが出発点ですね」

「その色つきの物を、私たちは、直接知覚していると思っている。そうそう、『直接実在論』ですよね」

「そうです」

「ところが、いろいろとわけがあって、日常『物』だと思っているものとはある点で異なるものを、新たに『物そのもの』として考えるようになるんですね」

「はい」

「そのわけというのが、気になりますけど」

「簡単に言うと、例えば、同じ物の色とされているものも、状況が違えば、違って感じられますよね」

「ああ、だとすると、物には特定の色があるという日常の考えが、あやうくなりそうですね」

「そう。それから、もう一つは、日常すでにわれわれは、物がわれわれに働きかけて知覚が成立しているということを、それなりに知っていますよね」

「はい」

「その場合、ある因果的経路が、物とわれわれの知覚との間にあると考えられますよね」

「あ、そっか。もしかしたら、その経路のために、物のあるがままを私たちが知覚しているという保証が揺らぐわけ、ですね？」

「そうそう。ごく簡単で悪いけど、それでなぜ新たな『物そのもの』を導入しようとしたか、感じはわかってもらえると思います」

「はい」

「それで、さっきの続きですけど」

「あ、そうでした。で、新たな『物そのもの』を、ええと、どう言ったらいいんでしょう、そう、私たちが日常『物』だと思っているもののいわば向こう側に、存在すると想定するわけですね」

「そうそう」

「で、そうなると、私たちが物だと思っていた、直接知覚されている色つきの物は、物とは別の扱いをしなければならなくなるわけで……」

「そうです」

「それで、心の中の観念として、それを捉え直す」

「ということですね」

「それって、ロックはデカルトの語法に従ったってことですか？」

「そう。そのように考えられます。彼は、日常、外にある物体の性質とみなされてきたものを、心の中に置き換えなければならなくなります。すでに日常においても、心の中にあると考えられているものがいろいろありますよね。それと一緒にして、それらを心の中のものとして扱わなければならなくなったときに、ロックが使用したのが、『観念』というデカルトの言葉だったと考えられるんです」

「なあるほど。そんなふうに、新しく『物そのもの』を導入することによって、それと連動して、日常的な『物』が、観念として心の中に位置づけられることになる。そういうことですね。だったら、観念は物に関する知識を妨げるヴェールだと言うのは、まったくおかしいことになりますね」

「あ、わかりました？　さすが、椎名さんですね」

「先生、おだてても、なんにも出ませんからね」

「いやいや。でも、どうしてヴェールじゃないんでしょう？」

「物が本当はどんなものであるかが、先にある程度考えられた上で、日常的に物だと思っていたものが、それとの関係で、『観念』として位置づけられるわけですよね。物は本当はこのようなものだという考えが、先行してのことなんです。物についての考えが先行して、それとの関係で、『観念』というものが導入される。ですから、物と心との間に観念が入り込むために、物の存在やその在り方は私たちにはわからなくなったというのは、真相をまったく見ていない発言だと言うしかなさそうです」

「いや、まったくそのとおりです」

「それに……」

「何でしょう?」

「仮説って、経験される様々な現象をうまく説明するために考え出されるものですよね」

「そうです」

「とすると、私たちが直接経験していることが、仮説を作るための土台ですよね」

「そうそう」

「そしたら、私たちが直接経験していることが、ヴェールとして働くって、まったくおかしいですよね」

「あ、いいことに気がつきましたね。そのとおりなんです。ロックは『観念』って言うけど、観念っていうのは、日常われわれが直接知覚しているもののことですよね。日常『物』と考えているものも、普通には、直接知覚されている。そういう、直接知覚されている日常的な物の現象が、仮説を作るときの基礎になるわけです。そうすると、観念は決してヴェールではない。ロックが最終的に観念として位置づけたものが、実は仮説を支えていて、仮説形成後も、その支えとして働き続けるんです」

「そうですよね。そしたら、観念をヴェールだと考えるのは、やっぱり間違っていますよね」

「そう。そういうわけで、ロックを読むときには、彼が『物そのもの』と考えているものが、日常的な物じゃなくて、粒子仮説的な物であることを忘れてはいけません。

でも、その一方でロックが日常的な物を『物』とか『物そのもの』とか言う場合が『人間知性論』にはあるから、それにも気をつけなければなりません」

「そうなんですか」

「そう。だけど、それは仕方のないことでね、われわれが日常『物』と思っているものを『物』と言わずに話を始めるのは、そもそも無理な話でね。粒子仮説を受け入れていない読者に対して最初から日常的な『物』は本当の物じゃないという前提で話をしても、わかってもらえるはずはありませんからね」

「なあるほど。それで、ロックがときどき日常的な物を『物』と呼ぶものですから、彼の知覚表象説が粒子仮説をベースにしていることが、十分注意されないままになるわけですね」

「そのとおり。そうなると、まったく変な話として、知覚表象説は受け取られてしまう。色つきのものがある。でも、われわれはそれを直接知覚できないで、間に観念というものが入ってしまう。だったら観念はヴェールでしかない。そんな話になってしまうんです」

「わかります。

でも、そうすると、ロックの場合にも、ある面で、デカルトと同じような構図を、彼の心の哲学は持っていそうですね」

「どういうことかな？」

「心というものを考えるとき、それが、物の世界のことをも含めた全体像の中でしか考えられない。むしろ、世界の見方が先行して、それとの関係で心の在り方が考えられているみたいです」

「そうそう。そして、一番問題になるのは、ここでも、物の性質とみなされていたものが、心の中に観念として組み込まれてしまうってとこかな」

「そうですね」

「それがわかってもらえたら、ロックの話はこれで一応おしまいです。ところで椎名さん、少し早いけど、これから生島先生の研究室に、一緒に行きませんか?」

「え、いいんですか?」

「もちろんです。彼には連絡をしてありますから」

解説　その三

デカルトの場合、この世界をどのようなものとして捉えるかについての自然学〔自然科学〕的考察が、諸学に基礎を与えるはずの第一哲学に重要な影響を及ぼしていました。自然学との連続線上において哲学するというこの特徴がよりいっそう鮮明に現れるのは、ジョン・ロック〔一六三二―一七〇四〕の場合です。

ロックが『人間知性論』〔一六九〇年、実際に出版されたのは一六八九年〕において展開した、知識や意見の起源、可能性、範囲についての考察は、デカルトが開始した主観主義的認識論の営みに、一定の明確な輪郭を与えるものと、一般に捉えられてきました。しかし、その考察には、自然学的要素が深く入り込んでいたため、例えばカントは、これを「人間悟性〔＝知性〕の自然学」として、否定的に捉えました。「解説　その二」で言いましたように〔一四五頁〕、科学の可能性を考えるのに科学そのものを使ってどうするのかというわけです。そこで、このロックの不備を改め、科学とは異なる自立した営みとしての認識論を構築しようとしたのが、偉大なるカントであると、一般に言われてきました。

しかし、本当にそうなのでしょうか。これが、次章の主要なテーマなのですが、この問題に取り組むための準備として、本章では、ロックの「観念」をヴェールと見る伝統的なロック観の全面的見直しを行いました。

デカルトにおいても、新たな自然の捉え方、「量的性質のみを持つ物体」という物体観に基づく自然の見方が、日常的な、いわば「色つきの」物体という物の見方に、捉え直しを迫ることになりました。物体は、色を持たない。色は、物体がなんらかの刺激をわれわれの身体（これも物体の一種ですが）に与えるとき、それに対応する形で、われわれの心の中に現れるものであると、デカルトは考えます。そして、このような、心の中に現れるものを、色に限らず、すべて、デカルトは、「観念」とみなしたわけですよね。

これと同じように、ロックの場合には、原子論の復活形態である粒子仮説に従って、外の世界を考えます。デカルトが真空を認めなかったのに対して、ロックはこれを認めます。この点で両者の見解は大きく異なるものの、ともかくロックは、形や大きさなどの「一次性質」だけを物体に与える考え方を採用しました。ですから、日常私たちが物だと思っている「色つきの」物とは非常に異なるものを、新たに「物そのもの」と考えたわけです。

とすると、私たちが日常「物」だと思っている色つきのものは、その新たな「物そのもの」との関係において、物そのものがわれわれの感覚器官に刺激を与えた結果、心の中に現れる「観念」として、位置づけ直されることになります。すでに心の中にあると考えられていたもの（痛みや感情など）とともに、それまで物の性質だと思われていた知覚される様々なものが、すべて、心の中の「観念」として扱われることになるわけです。ですから、観念が物と心との間に入ったので物の存在や性質がわからなくなったというのではなくて、物に対する新たなアプローチの結果、これまで物だと思っていたものを、心の中に位置づけ直しただけなのです。

現代の科学哲学では至極あたりまえの仮説演繹モデルに近いやり方でロックがものを考えていたことがわかれば、このことは、なにも理解しがたい話ではありません。問題は、デカルトの場合と同じで、むしろ、科学との連続線上で知識や科学について考えることが妥当か否か、つまり、「基礎づけ主義」なのか「自然主義」なのかにあるのです。

またまた、私事で恐縮ですが、私自身は、この問題は、人間の生き方に関わる大きな問題だと思っています。「はじめに」で言いましたように、絶対的真理が手に入らなければ生きてはいけないという強い思いが、しばしば人に、基礎づけ主義的な態度を取らせます。でも、そのようなものを手にできるという保証が、どこにあるでしょう。しかも、それは、弱さの表れでしかないようにも思います。私自身も弱い存在で、ときどき、なにかにすがることができれば楽だろうなと思います。しかし、少なくとも今の私は、自分が歴史のこの時点で、この地球上のこの場所で生きざるをえないという、まったく不条理な実存の事実を受け入れるしかありません。とすると、できるだけしぶとく、なんとかあれこれ考えて、できればみんなで切り抜けるということでしか、最後にこう生きてよかったとは思えないような気がしています。私にとって、基礎づけ主義というのは、不条理な実存の事実を受け入れて生きるという意味での「哲学」を、放棄することでしかないように思えるのです。ですから、ロックの自文化中心主義的な知識論の試みは、その成否はともかく、至極もっともで、それを「人間悟性の自然学」と揶揄した人が、（ローティの言葉を借りれば）「スーパーサイエンス」を本当に提示できたのかと、まじめに問いたいと思います。

しかし、だからと言って、デカルトにせよ、次章で触れるカントにせよ、その基礎づけ主義的営みをナンセンスというつもりは、私にはありません。本書の対話の中でも繰り返されますように、彼らほどのちの人々に考え直す材料を与えてくれた人々は、そうそういないのですから。絶対的真理を幻想ではないかと思う私のような人間にとっては、異論の存在こそ、考え直しをさせてくれる重要な契機なのです。これは、ローティが言うとおりだと、私は様々な場面で実感しています。異論の質が高ければ高いほど、私たちは自らを引き上げるよう努力しなければなりません。その意味で、デカルトもカントも、私にとっては、非常に重要なキャラクターであることに間違いはありません。

いささか、私事が過ぎました。ロックについては、やはり『人間知性論』をお読みいただくのがいいでしょうが、でも、現在出版されている原典の標準版で、七百頁以上あるのですから、本当のところ大変です。しかし、幸いなことに、ロック『人間知性論』（大槻春彦訳、岩波書店、一九七二―一九七七年）という全訳があります。カントの『純粋理性批判』と同じで、気長に読まれることをお薦めします。

因みに、本章で提示したロック理解は、拙著『ロック哲学の隠された論理』（勁草書房、一九九一年）、Yasuhiko Tomida, *Inquiries into Locke's Theory of Ideas* (Hildesheim, Zürich & New York: Georg Olms, 2001); Yasuhiko Tomida, 'Locke, Berkeley, and the Logic of Idealism', *Locke Studies*, 2 (2002): 225-238; Yasuhiko Tomida, 'Locke, Berkeley, and the Logic of Idealism II', *Locke Studies*, 3 (2003): 63-91; Yasuhiko Tomida, 'Sensation and Conceptual Grasp in Locke', *Locke Studies*, 4 (2004): 59-87; Yasuhiko Tomida, 'Locke's Representationalism without Veil', *British Journal for the History of Philosophy*, 13 (2005),: 675-696等に基づいています。また、ロックとバークリについては、拙著『観念説の謎解き――ロックとバークリを

めぐる誤読の論理』（世界思想社、二〇〇五年）でも詳しく論じます。こちらの方も、参考にしていただければ幸いです。

ゆかりとラルフの話は、場所を変えて続きます。もう一度生島が登場して、ヨーロッパ近世の心の哲学の話はいよいよ大詰めです。

第四章　なにかが変わった

生島の研究室

ラルフとゆかりが、生島の研究室を訪れたのは、それから三十分ほどあとのことであった。

「ややや、ようこそ。

椎名さん、お久しぶりですね」

ゆかりは、生島に、ロンドンで世話になった礼を言い、生島の勧めに従って、ラルフとともに、ソファーに腰を降ろした。

生島は、いつものように薄目のコーヒーを入れ、二人に勧めた。

「ありがとうございます」

「しかし、本当に奇遇ですね。椎名さんが、うちの学生さんだったとは」

「私も驚きました。世の中って、広いようで狭いですね」

「そう言えば、勧修寺でシュプリンガー先生とお会いになったのも、これまた奇遇ですね」

「そうなんです。まるで小説みたいですね」

それから、ゆかりは、ラルフからいろいろと手解きを受けたことを生島に告げた。

「それはよかった」

「おかげさまで、『観念』をキーワードとした西洋近世哲学に、かなり馴染んできたのですが、まだいくつか気になることがあるんです」

「どんなことかな」

「一つは、ライルのデカルト批判というのを、聞いたことがあるんですけど」

「そうですね。それは当然気になるところでしょう」

「それともう一つ、シュプリンガー先生からうかがったのは、十七世紀のデカルトとロックの場合ですが、それからあと、観念を重視するタイプの哲学がどうなるのか。それも気がかりですね」

「なるほど。じゃあ、参考になりそうな話題をいくつか取り上げて、椎名さんの問いにとりあえず答えるということでもいいかな？」

「はい、そうしていただけると嬉しいです」

「じゃあ、ライルのデカルト批判から始めましょう」

「お願いします」

ライルのデカルト批判

「現代の心の哲学の古典と言われるものの一つに、ギルバート・ライルの『心の概念』という本があるんだけど、実におもしろい本でね」

「ライルは、さっきのシュプリンガー先生のお話にも出てきました。ロック解釈との関係で」

「ああ、なるほどね。

ライルは、一九〇〇年に生まれ、一九七六年に亡くなったイギリスの哲学者で、オックスフォード大学の教授だった。彼の書いた『心の概念』という本は、一九四九年に出版されたもので、その中で、彼は、デカルト批判を行ってね。デカルトみたいに、心と体とを並べてどちらも存在するとするのは、ナンセンスだと言うんだよね」

「え、じゃあ、心は存在しないとでも言うんですか?」

「いや、人が心を持つことは、認めるんだけど」

「えっ……」

「つまりね、私は心も体も持っていると言うのは、具合が悪い。ナンセンスだというわけ。彼は、そのような考えを、『カテゴリー・ミステイク』だと言ってね」

「え、カテゴリー・ミステイク、ですか?」

「そう。ライルは、大学を例に挙げて、この『カテゴリー・ミステイク』を説明するんだ。

オックスフォードのような大学だと、大学には、コレッジ（学寮）とか図書館とか博物館とか、いろんな建物があるよね」

「そうですね」

「ある人に、大学のコレッジや図書館や博物館を見せて回ったら、その人が、『ところで大学はどこにあるの』と聞いた、という話なんだ」

「ああ、つまり、その人は、大学というのはコレッジとか図書館とか博物館とかと並んで存在する建物だと思い込んでいるわけですね。本当は、コレッジや図書館や博物館などが一緒になって大学を構成しているのに」

「そうそう。そういう考え違いを、ライルは、『カテゴリー・ミステイク』と呼んだわけ」

「ということは、心を体と並んで存在するものと考えるのも、同じようにカテゴリー・ミステイクだと言うんですね」

「そう」

「でも、どうしてなんでしょう」

「彼の見解を感じとして手っ取り早くつかんでもらうには、心の在り方を述べるのに使われている言葉が、実際どのように使われているかを、具体的に見てもらうのがいいかも」

「例えば、あの人は『賢い』とか、そういう言葉ですか?」

「そうそう。それで考えてみよう。そのような言い方は、デカルト的な心身二元論の立場では、(身体を含む)物体の在り方を言うものではなくて、心の在り方を表現するものだよね」

「ええ、それは当然です」

「でもね、椎名さんが誰かのことを『賢い』と思うとき、椎名さんはその人の心の中に入り込んでそれを確認しているわけかな?」

「誰かのことを『賢い』と思うときですね。そうですね、私がその人の心の中を直接見ているとかいうことは、ありえませんね」

「だよね。でも、じゃあ、どういう場合に、そんなふうに表現したいと思うんだろう」

「そうですね、その人が、ややこしい問題をさっさと解いたときとか、……なにかに臨機応変に対応したときとか、そういうときですね」

「それって、やっぱり、心の中を直接見ているわけじゃないよね。じゃあ、何を見て、『賢い』と言っているのかな?」

「ああ、そっか。その人の外面的行動ということになるんでしょうか」

「そうそう。そういうことみたいだよね。だったら、今度は、その人のことを『ご機嫌だ』と考える場合は？」

「そうですね。その場合も、その人の表情とか発言とか振る舞いとかでそう判断するんじゃないでしょうか」

「ということは、心の在り方を表現する言葉は、外面的な身体の在り方に対して使われているみたいだね」

「ああ、……なあるほど」

「じゃあ、『心も体も持っています』というのをなぜライルが『カテゴリー・ミステイク』だと言うのか、わかったかな？」

「はい。もしそのように、心のことを表現する言葉が実は身体の在り方に対して適用されているとしたら、体の在り方だけでなく、心の在り方と思われているものも、実は体の在り方だと考えてもよさそうですよね」

「そうそう」

「そうなりますと、体とは別にそれと並べて心の存在を考えるというのは、そもそもおかしいということになりそうです」

「そう。それがライルの基本なんだ」

心の優位と物の優位

「ライルのこのような考えは、一世を風靡《ふうび》してね。今でも、心の哲学を考える上で、彼の見解をよく検討することは欠かせない。

でも、ライルのデカルト批判は重要だとしても、これですんだとは、椎名さんも思わないんじゃないかな」

「そうですね。ちょっと引っかかるところがあります」

「あ、それ、いいね」

「つまりですね、誰かのことを賢いとかご機嫌だとか言うときには、確かにその人の外面が『賢い』とか『ご機嫌だ』という表現を適用する手掛かりになってはいますけど……」

「けど……なんだろう」

「けど、それと、私自身の心の問題とは、一応別に考えなきゃいけないような気がするんです」

「というのは？」

「そういう身体的外面に対して、心の在り方を表現する言葉が使われるとしても、その身体的外面を見ている私が、見られている身体的外面とは別に、いますよね」

「そうだね。それが問題だね」

「ある人の身体がある。表情や発言も含めて、その身体の在り方から、『この人は賢い』なんて、思うわけですね。『賢い』という言葉の適用基準は、確かに、ある種の身体の外的な在り方にあるように見えます。とすると、心だと思っているのは、実は身体のある在り方なのかというと、そうじゃない。なぜなら、その身体の在り方を考え、知覚している私が、知覚されているその身体とは別に、確かにここにいると思われるからです」

「そうだよね。それに加えて、ある人がご機嫌なのを見て、それを嬉しく思う、そんな椎名さん自身もいるわけだよね」

「そうですね。ということは、外面的なものについての話だけでは決してすまない部分がある、と考えなければならないようです」

「そう。つまり、デカルトの形而上学で話題になった、考える私、意識する私、心としての私というのが、心身二元論とは別の形で、残ってしまうようだね。その私というものの視点(言い換えれば、一人称的視点)からすれば、ライルがデカルトの心の捉え方を『機械の中の幽霊』として批判したとしても、それで話は終わりじゃないようだ」

「え、『機械の中の幽霊』ですか?」

「そう。デカルトは、身体を含めた物体を、心とはまったく異質のものと考えたよね」

「はい」

「つまり、デカルトにとって、身体は、機械なわけ。その機械としての身体に、心がそれとはまったく別のものとして備わっている。こういう人間の捉え方を、ライルは、『機械の中の幽霊』と呼んだわけ」

「ああ、そういうことですか」

「でね、観念を重要視するデカルトやロックの哲学というのは、もともと、自然学的考察が、心を考える基盤として、心をも含む全体像を与えていたよね。ところが、実は、その一方で、デカルトの形而上学に見られるような『一人称的視点』がしっかりと機能していて、デカルトの場合、この二重性が、彼の『心の哲学』を特徴づけていたわけだ」

「はい。シュプリンガー先生からうかがいました」

「この二重性の一つの要素である一人称的視点からの心の捉え方は、実は、現代の、志向性を重視する心の哲学にも通じる部分があってね」

「あ、それはわかります」

「だとすると、その一人称的視点をどう考えるかという問題が、やはり重要問題として残ることになる」

「なるほど。

ところで、先生、もう一つ質問があるのですが」

「はい、何でしょう」

「物体が存在するということ自体は、結局のところ、デカルトでもロックでも、自然学や形而上学が『証明する』というよりも、私たちの日常の確信に基づくものでしかなさそうに思うんです」

「うん。その点では、僕もまったく同感だね。デカルトの場合、神の誠実さ、つまり神が善なる神であることを頼りにして、僕たちが、普段、外的物体から外的物体の観念を得ていると信じていることから、物体の存在を証明するよね。ところが、それはつまり、僕たちの日常の確信に依存する議論をしているわけだ。だから、椎名さんの言うように、デカルトのその証明は、結局のところ、僕たちの日常的確信、フッサールなら『原信憑（ウーアドクサ）』と呼ぶ、世界の存在についての確信に基づいていると考えられる。

とすると、ロックの場合はどうなんだろう」

「はい。ロックの場合、新たに導入された『物そのもの』が、実在するものとしての性格を受け取りますよね。その『物そのもの』に与えられる実在性は、もともと日常的に物だと思われているものが持っていた実在性ですよね」

「そうそう」

「だとすると、ロックの場合も、物の存在は、私たちが日常的に持っている『実在する』との確信が、新たな『物そのもの』へと移されているということですね」

「そうなんだ。今椎名さんが言ってくれたように、粒子仮説的『物そのもの』の実在性が日常的な物の実在性に由来するとしたら、ロックの場合も、物体の存在は、究極的には、僕たちの日常的確信に基づくということにほかならないようだ」

「あれこれ言っても、結局は、私たちの日常的確信の力というものを、改めて確認することになるんでしょうか」

「うん。どうもそのようだね。

ところで、椎名さんは、『心脳同一説』というの、聞いたことないかな?」

「ああ、名前は、聞いたことがあります」

「現代の心の哲学でよく議論されていることなんだけどね。それにはいくつかの特徴があるんだけど、心的な事象を、大脳の過程と同一視するという見解を核とするものでね」

「ああ、だから『心脳同一説』なんですね」

「そう。でね、このような考え方は、唯物論的でしょ」

「そうですね。心を脳と同一視するわけですからね」

「だから、キリスト教の力が強い時代には、このような考え方は、提出しにくいものだった。ところが、ロックは、『人間知性論』の中で、僕たちの心の諸現象が物体によって担われている可能性はあると言うんだよね」

「それって、物議を醸《かも》すことになりませんか？」

「うん。ロックがついでに行ったにすぎないこの発言が、以後の西洋の唯物論的見解の展開に大きく関与することになってね、現代の心脳同一説は、その延長線上にあるわけだ」

「とすると、心について哲学するには、そういう意味でも、近世の観念重視型の哲学を一度は研究する必要がありそうですね」

「そういうことです」

バークリの観念論

「さて、そんなわけで、デカルトとロックが現代の心の哲学のルーツとして重要であることがわかってもらえたとして、そこで、椎名さんのもう一つの疑問なんだけど」

「デカルトやロックの観念を重視するタイプの哲学が、それ以後どうなったか、ですね」

「そう。ところで、デカルトの場合でもロックの場合でも、その基本のところに自然学的考察が大いに関わっていたこと、特に、新しい『物体』の考え方が大きく関わっていたことは、シュプリンガー先生から聞いてもらっているよね」

「はい、うかがっています」

「で、それからあと、この自然学との関わりが、次第に希薄になっていったということなんだけどね」

「先生は、誰を念頭に置いておられるのですか?」

「特に、バークリと、ヒュームと、カントなんだけどね。ロックのあとに登場するバークリもヒュームも、『観念』を重要なテクニカルタームとして使用していたんだ」

「カントもですか?」

「いや、言葉としてはそうじゃない。でも、カントは、デカルトやロックが『観念』と呼んだものを、しばしば『表象』と呼んだんだよね。だから、観念という言葉は使わないけど、それにあたるものを重要な言葉として盛んに使用したわけだ」

「なるほど」

「そこで、バークリの場合だけど、シュプリンガー先生が退屈しているといけないので、彼に話してもらおうね」

「あ、僕は先ほどまで椎名さんにロックの話を長々としていましたから、しばし休憩です」

「あ、そう。じゃあ、僕の方で話を続けよう。

ええと、バークリは、一六八五年に生まれて、一七五三年に亡くなった、イギリスの哲学者でね」

「観念論を主張した人ですね」

「そう。彼自身は、『物質否定論』と言ったんだけどね。つまり、そのバークリ、いろいろと理由を挙げて、物質の存在を否定したわけ」

「どんな理由を挙げたんですか？」

「それは本当にいろいろでね。でも、理由として簡単なのは、物質を考えようとしても、考えられたものは観念でしかないというものかな？」

「あ、それって、心の直接的対象は観念であるという、デカルトやロックの観念理解を利用しているわけですね」

「そう。それからすれば、なにを考えても観念でしかないことになる。デカルトやロックは、それでも、心の外というものをしっかり認めていた。だけど、バークリは、心と、心が知覚する観念だけが存在し、物質など必要ではないと考えるんだ」

「つまり、私たちが『物』だと思っているものを認めないということですね？」

「そこがバークリのおもしろいところでね、彼は、物質を否定するけど、それは特に、粒子仮説的に考えられた物質だった。ということは、日常われわれが『物』だと思っているものの存在を否定するわけではないんだね。ところが、日常われわれが『物』だと思っているものは、ロックの場合には、どのようなものとして扱われていたかな？」

「え、ああ、観念の一種ですね」

「そう。『実体の複合観念』として、心の中に取り込まれていたよね。だから、バークリの物質否定論っていうのは、ロックが、物そのものと、観念と、観念を知覚する心という三つの項からなる枠組みの中でものを考えていたのに対して、最初の『物そのもの』を否定して、あとの観念と心だけを残したという形なんだ」

「でも、それっておかしいですね」

「どうして？」

「日常的な物を観念として心の中に取り込んだのは、新たな物そのものを考えることにしたからですよね。だったら、その新たな物そのものとしての物質を否定するのなら、日常的な『物』も、観念として扱う理由はなくなるんじゃないでしょうか。つまり、もとの日常的な『物』としての地位に戻っていいはずなのに……」

「そうそう。そのとおり。心の中の観念は、外にあるとされる物体との関係において、心の中に位置づけられたよね。とすると、外の物体を否定するなら、観念とみなされたものの地位も、考え直されるべきだった。でも、バークリは、物質を否定しても、日常的な物を観念として捉えることはやめないんだ。ここが、バークリのうまいところなんだけどね。ともかく、バークリの観念論は、粒子仮説的な物質観に基づいて作られた『心の哲学』から、その支えだった粒子仮説的見解を引き去りながら、心の中の観念という考えそのものは維持しようとするものだった」

「なあるほど」

ヒュームの懐疑論

「じゃあ、その次に行こう」

「ヒュームですね」

「そう。ヒュームは、一七一一年に生まれ、一七七六年に亡くなった、これまたイギリスの哲学者なんだけど、ロックが『観念』と呼んでいるものを、バークリ同様、感覚的なもの、もしくは心像的なものとして捉えてね」

「え、どういうことですか?」

「ロックが『観念』と呼んでいるものには、見たり触れたりといった仕方で知覚されるもの（通常『感覚』と呼ばれているもの）、それから、感覚を記憶や想像によってよみがえらせたものとしての『心像』といったもののほかに、感覚の対象とはならないようなものも含まれていたんだ」

「どういうのがそうなんでしょう」

「『存在』の観念ってのは、どうかな？」

「『存在』の観念ですか？　あ、それって、考えることはできても、目でみたり耳で聞いたりというふうにはできそうにありませんね。あ、つまり、『概念』的なものですね」

「そうそう。そういうものは、『概念』とか呼ぶのが、今日では普通なんだよね。そういったものも、ロックは『観念』と呼んでいる」

「デカルトの場合とロックの場合は基本的には同じですね？」

「そう。デカルトの場合は、これがもっとはっきりしている。例えば、デカルトが言うには、神の観念というのは、感覚や心像として心の中に存在することはありえない」

「どうしてですか？」

「感覚や心像として得られるのは、物体もしくは物体の性質だけだと、デカルトは考えるんだよね。ところが、キリスト教における神は、偶像崇拝禁止令が物語るように、物体的なものとして捉えられてはならない。だから、感覚や心像としての神の観念は、ありえないわけだ」

「あ、そうか」

「だけどそれでもわれわれは神の観念を持つと、デカルトはある人との論争で主張するんだよね。そのことからもわかるように、デカルトは明らかに、『概念』的観念の存在を認めていた」

「なるほど」

「でね、ヒュームに戻ると、ヒュームは、ロックの言う観念を、感覚もしくは心像として理解したんだ。そして、本来『観念』と呼ばれてしかるべきものは、心像の方であるとし、感覚の方を、これに対して、『印象』と呼ぶことにした。そして、ヒュームは、このような理解に基づいて、様々な興味深い見解を提出するんだけど、そのうちの一つが、物体に関する懐疑論的見解だった」

「懐疑論的というのは？」

「つまり、物体の存在は、われわれには確実には知りえない、ということなんだ」

「どうしてですか？」

「そこが、おもしろいところでね、ヒュームは、最初から、われわれの知性の対象は心の中の『印象』もしくは『観念』だと決めつけていて、すべてをそこから考えようとしたんだ」

「ということは、『印象』や『観念』が心の中にあるとするために必要な、心の外にあるとされるものに対するしっかりとした言及が、ヒュームの場合にはみあたらないということですか？」

「うん。そのとおりなんだ。困ったことに、『印象』や『観念』が心の中の対象としてあるということは、最初からの前提でね。だから、印象や観念が与えられても、物があることにはストレートに結びつかないと考えるんだ」

「そうすると、バークリの場合と同じ問題が、ヒュームの場合にもありそうですね」

「そう。外のものとの対比においてでなければ、『心の中』ということが意味をなさないはずなのに、外のものに言及せず、『印象』や『観念』が心の中にあるということの意味が最初から確定しているかのようにして、議論を進めるわけ」

「それって、ロックの見解に寄生しながら、ロックの見解の前提を最初から否定しているみたいな……というのは言い過ぎでしょうか」

「いや、僕はそう思っている。実は、バークリもまた、同じように、彼の主著と目されている『人間の知識の諸原理についての論考』では、いきなり、われわれが知覚しているものは観念だと言うんだ。おそらく、バークリにとってみれば、観念が心の中にあって、それが心の直接的対象となっているという見方は、もうかなり広く知れ渡っているからというので、それに依拠して論を進めてよいと思ったんだろうね。でも、その三年後に出された『ハイラスとフィローナスの三つの対話』では、われわれが感覚によって知覚しているものがなぜ心の中の観念であるかを、丁寧に論じていく。おそらくヒュームは、バークリ以上に、観念に関する考え方が自明と考えられるようになってきたという歴史的情勢を、利用することができたんだろうね」

「でも、それでもやっぱり、内的なものは外的なものとの関係によってその意味を確定するしかないと考えると、いきなり内的なものから始めて、外的なものとの対比に触れずにすませるというのは、論として重大な問題がありますよね」

「そうだね。ともかく、ヒュームの論の進め方は、そのようなものだった」

「それだったら、物が存在するかどうかよくわからないというのは、当然ですよね。なんてったって、直接わかるのは、印象や観念だけなんですから」

「そうだよね。実際、僕は、ヒュームのこうしたやり方に一般に注意が向けられていないのは、不思議なことだと思っている。そして、ヒュームの議論が持つこの問題性は、それ以後も、実に多くの哲学者にとって、問題にされるどころか、むしろ、ヒュームのやり方を模範とする考え方の方が、ずっと目立ってきたんだ」

「いずれにしても、バークリやヒュームによって、不当な論理の歪みを『観念』は被ったということになりそうですね」

「そう言ってよさそうだ」

「でも、バークリやヒュームはそうだとしても、よくは知りませんけど、カントは確か、『物自体』というものを認めていたんじゃなかったでしょうか。ですから、そこのところはもっと健全なんじゃないかと思ったりするんですけど」

「じゃあ、次は、カントだね。

シュプリンガー先生が退屈しているといけないから、ここで交代ということで」

「いえいえ、僕は、お二人のお話を、興味深くうかがっていますよ」

「でも、カントはシュプリンガー先生の国の人だからね。ここのところは、やはり、シュプリンガー先生に解説をしてもらわないと」

「はいはい、わかりました」

カント入門(1) 真理の対応説・再説

ラルフが、生島に代わって、話を始めた。

「昨日、『真理の対応説』について、考えてみましたよね」

「ええと、私たちの考えや発言が、どういう場合に正しい(つまり、『真である』)と言えるかについての、一つの考え方ですよね」

「そうそう。僕たちの考えや発言が、どういう場合に真であるか。これについて、伝統的に、あたりまえと思われていた見解です」

「つまり、私たちの考えや発言が真であるのは、それとは関係なく成り立っていることに、それがぴったり『対応』している場合、言い換えれば、それにぴったり合っている場合である。そういう見解のことですね」

「そうそう。でね、あのとき言ったように、真理の対応説は、古くから、当然のこととされてきた。カントもそれと考えられる見解を示したと、言いましたよね」

「はい」

「ところが、カントは、それと同時に、ある点で、こうした考え方に疑問を持つんです」

「え、どうしてですか?」

「その理由を説明するには、少々時間がかかります。そこで、結論だけを言うことにしますと、僕たちの考えとはまったく独立に存在するものが認識の対象だとすると、具合の悪いことになると、カントは考えるようになったんです」

「え、それって、なんだか、デイヴィドソンみたいですね」

「そうなんです。デイヴィドソンも、〈『雪は白い』は、雪が白いとき、かつそのときにのみ真である〉なんて言いながら、伝統的な真理の対応説を批判したんですよね。そこで、デイヴィドソンの見解の要点を、思い出してもらいたいんですけど」

「はい。デイヴィドソンによりますと、私たちの信念が真であることを確認するには、信念が実在と『対応』していることを確認しなければなりませんが、これを確認するには、私たちは自分たちの信念の外に出なければなりません。でも、それは不可能なことなんです」

「どうしてだったかな?」

「簡単に言いますと、私たちの信念とは関係なく成立している事態がどのようなものかを私たちは確認しなければならないわけですよね。そして、そうして確認されたことと、私たちの信念とを比べて、両者が『対応』しているか、『合致』しているかを見るわけです。ところが、私たちの信念とは関係なく成立している事態がどのようなものであるかを確認することは、つまり、私たちがなにかを正しいと信じることにほかならない」

「そうそう。そこで、困ったことになるわけですね」

「はい。信念を、信念じゃないものとつき合わせようとしても、その信念じゃないものであるはずのものが、私たちの信念になってしまうんです」

「そうですよね。言い方を変えれば、信念が合致しているはずのなんらかの事態がどういうものであるかを語ろうとすると、それは、僕たちが真であると信じていることを語ることにしかならないというわけです。こうして、デイヴィドソンによれば、信念を、それとは独立の、それを真ならしめる実在そのものと比較して対応を確認しようとすること自体が、意味をなさないことになります」

「つまり、真理の対応説では、問題はかたづかないわけですね」

「そうそう。

さて、そのあたりのことがわかっていれば、カントが『純粋理性批判』で採った方策も、多分理解されるんじゃないかと思います。

もちろん、カントは、『信念と対応する事態もまた、われわれの信念であらざるをえない』なんて言い方はしません。けれども、彼が結論として言うことは、それに近いんです。つまり、彼は、『今まで、われわれは、われわれの認識が対象に従わなければならないと考えてきた』が、『対象がわれわれの認識に従わなければならないと考えてみたらどうか』と、『純粋理性批判』第二版の序で言うんです」

「え、私たちの認識が対象に従うんじゃなくて、対象が私たちの認識に従うんですか？それって、先生が前におっしゃったアリストテレスの例を使って言いますと、『あなたが白いと私たちが信じるから、あなたが白い』ということなんですか？」

「うん。それだと念力みたいですよね。こうだと信じると、そのようになってしまうってことですから。カントの考え方は、そういう念力みたいなものでは決してありません。だけど、方向性だけ考えると、本質的に、それに近いところがあります。そこのところを、よく見ていきましょう」

カント入門(2) コペルニクス的転回

ラルフがゆかりと話をしている間に、生島は、コーヒーに代えて、アップルティーを用意した。

「あ、これ、とってもいい香りですね」

「そう。コーヒーもいいけど、これもいいよね。じゃあ、シュプリンガー先生、続きをどうぞ」

「了解。で、さっきの話だけど、カントの『方向性』って、僕は言いましたよね。カントは、自分の方向転換のことを、コペルニクスのそれになぞらえるんです」

「天動説を地動説に置き換えたあのコペルニクスですね」

「そう。十六世紀のね。彼は、これまで、星が観察者の周りを回っていると見られていたのに対して、観察者を乗せた地球が回っているから、静止している星が回っているように見えると考えます。これは、古いギリシャのピロラオスやアリスタルコスの考えを、復活させたものなんです。カントは、自分の行う考え方の方向転換を、このいわゆる『コペルニクス的転回』になぞらえるわけです」

「ああ、対象がそのようになっているから、私たちはそのように考えなければならないのではなくて、私たちがそのように考えるようになっているから、対象がそのようになっているように見えるんだ。これですね」

「そうそう。そんな感じですね。

でも、さっき言ったように、念力説じゃあない。僕たちの意志次第で、対象が様々な在り方を見せるというんじゃなくて、僕たちの心には、ある見方がすでに組み込まれていて、それを通して対象を認識するから、対象がその見方に合うものとして認識される、そういうことなんです」

カント入門(3) 感性と悟性

「そこで、これを詳しく説明するには、心の働きに関するカントの区別のうち、まず、二つのものを挙げておかなければなりません」

「え、なんでしょう?」

「ズィンリッヒカイトとフェアシュタント。生島先生、日本では、どう訳されているんですか」

「カント学者の間では『感性』と『悟性』が一般的ですね。でも、『悟性』というのは、日常的には馴染みがなくて。だから、僕はできれば、この訳語は使いたくない。むしろ、『知性』で通したいというところかな」

「でも、カント学者からは、文句が出るかもしれませんね」

と、ラルフ。

「多分ね。でも、事情をよくわきまえているカント学者なら、僕の語法にも十分な理由があることを、納得してくれるはずだよ」

「どういう事情ですか?」

「日本語で通常『悟性』と訳されているドイツ語の『フェアシュタント』は、もともと、英語では『アンダスタンディング』、そして、さらに遡って、ラテン語では『インテッレクトゥス』。『インテッレクトゥス』や『アンダスタンディング』は、通常『知性』と訳されているから、その系譜を示唆するには、同じ訳語を使った方がよい。それだけのことなんだ」

「でも、別の言い分もありそうですね」

「そうだね。例えばロックの『アンダスタンディング』と、カントの『フェアシュタント』は、その性格が大きく異なるから、訳語を違えることには意味があるという人もいそうだけど、でも、僕は、むしろ、同じ系列の言葉がどのように意味を変えていったかということを意識する上でも、『フェアシュタント』を『知性』と訳すことには意味があると思っている。それに、『悟性』というのは、日常的にはまったく使われないからね。『悟性』の方に統一すると、それだけで、だから哲学ってのはいやだと思う人もいるだろう。いや、十人十色だから、『悟性』みたいにわけのわからない言葉の方がいいという人もいるかもしれないけどね。まあそんなところかな」

「わかりました。じゃあ、椎名さん、さっきの続きですけど、感性っていうのは、とりあえず、感覚の働きのことだと思ってください」

「例えば、視覚ではこんなふうに見えている、といったことですね」

「そうそう。それがどのような生理学的メカニズムでそうなっているかといったことは、今は一切関係がありません。カントに言わせれば、感性というのは、直観の能力で、これによって対象が与えられます」

「いろいろなものを感じさせるということですね」

「まずは、そんなところでいいと思います」

「それと、『悟性』ですね」

「そうですね。『悟性』というのは、考える能力で、カントはこれを判断の能力とも言っています。なにかが見えているだけじゃあだめで、それについて心は考え、『これこれはしかじかである』と判断することで、認識が成立する。つまり、そのようにして、知識が得られるというのが、カントの基本的発想の一つなんです」

「直観の能力としての感性と、思考の能力としての悟性があって、知識が得られるというわけですね」

「そのとおりです」

「それって、よくわかります。ただ見ているだけじゃなくて、これはこうだと考えて、知識が得られるということですね」

「そうなんです」

カント入門(4) 空間と時間

「そうすると、さっき、『僕たちの心には、ある見方がすでに組み込まれている』って言いましたよね。僕が『見方』と言ったもの、これが、感性と悟性に、それぞれに組み込まれているんです」

「じゃあ、まずは感性の方からですね」

「そうです。僕たちは、外に目を向けると、どのような対象も、空間の内にありますよね」

「そうですね」

「日常、僕たちは、空間の内に対象があると思っている。だけど、カントに言わせると、感性にはもともと、空間という見方が組み込まれているんですよね。つまり、僕たちが対象を空間の内にあるように見るようになっているので、対象は空間の内に現れると、カントは考えるんです」

「コペルニクス的転回ですね」

「そうです。空間の内に対象があるから、空間の内に対象が現れるのではなく、空間の内に対象があるように見る仕掛けが僕たちの感性にはあるから、空間の内に対象が現れるんです。

他方、僕たちの心の中に目を向けてみましょう。心の中には、空間は見出せないけど、すべてが時間の内にありますよね」

「じゃあ、カントは、この時間も、私たちとは関係なく存在しているのではなく、私たちの感性にすべてを時間の内にあるように見る見方が組み込まれているから、すべてが時間の内に現れると考えるわけですね」

「そうです。もちろん、外に目を向けたときにも、すべてのものが時間の内にあります。ですから、時間は、あらゆる対象がわれわれに現れる際に、必然的に持たなければならない『形式』だと、カントは考えるんです。これに対して、空間の方は、外の対象(彼の言い方では外部感官の対象)が必然的に持たなければならない『形式』なんです」

「なるほど」

「そして、空間も時間も、それ自体、直接認知されますよね。つまり、それ自体、直観なんです。それらは、僕たちの『経験』以前に、つまり、僕たちが感覚や反省によって心の外や中に目を向けてなにかを知るに先立って、すでに心に備えつけられており、すべての対象は、その形式を帯びた形で、現れることになります。

カントは、経験に先立ってあるものを、『アプリオリ(先天的)』と形容し、さらに、経験的要素を含んではいないものを、『純粋』と形容します。だから、空間も時間も、『アプリオリな純粋直観』だと言うんです」

「はいはい、わかります。ともかく、私たちの感性という能力に、空間・時間の内で対象を受け取るという基本性格が備わっている。だから、すべての直観の対象は、空間と時間の内に現れるというわけですね」

「そういうことです」

カント入門（５）物自体と現象

「となると、次には、悟性に固有の、対象の捉え方があるというわけですね」

「そうなんですけど、ここで、カントが行ったもう一つの重要な区別を導入しておいた方がいいと思います。それは、物自体と現象の区別です。『物自体』と訳されているのは、ドイツ語の『ディング・アン・ズィッヒ』で、これと『現象』とが区別されています」

「『物自体』というのは、何ですか？」

「カントによれば、物自体については、僕たちはなにも知ることができません」

「なにも、ですか？」

「そう。ただし、カントは、それがわれわれの心を触発するとは言うんです」

「『触発する』というのは？　ああ、ロックにも出てきましたね」

「そうそう。ロックの場合は『アフェクト』ですが、カントはそれのドイツ語版の『アフィツィーレン』を使っています。いずれにせよ、作用を及ぼすとか、刺激を与えるとかいうことです」

「でも、それ以外のことは、言えないわけですね」

「そう。空間中にあるとか、時間中にあるとかいったことも、言うことはできません」

「なぜですか？」

「空間や時間は、感性の持つ直観形式でしたよね」

「はい」

「それらは、心が触発されて感性に直観的に対象が与えられるとき、その対象がその中に現れるべきものなんです。だから、それらは、『物自体』による心の触発の結果、感性においてわれわれに与えられるもの——つまり、『現象』と呼ばれるもの——が持つことのできる形式です。ですから、空間や時間が、現象の形式である以上、その形式が物自体にあてはまる保証は、まったくないんです」

「とすると、私たちが対象として捉えているものは、すべて、物自体によって引き起こされた現象であって、物自体ではないわけですね」

「そうです」

「だったら、私たちがこの世界と思っているものについては、まるで観念論ですね」

「あ、そう思います？　だけど、それについての議論は、いずれ、『超越論的』と『経験的』の区別を導入したあとにしましょう。多分そのことは、生島先生が手際よく説明してくださるはずです。今のところは、僕たちには知ることのできない物自体からの触発によって与えられた『現象』が、心の認識する諸対象の地位だと考えておいてください」

「はい」

カント入門(6) 多様と範疇

「さて、先ほどの話題に戻りますと、対象を受け取る能力としての感性には、アプリオリな純粋直観である空間と時間とが、直観の形式として組み込まれています。他方、与えられた対象について思考し、判断する能力としての悟性にも、アプリオリに、対象のある捉え方が組み込まれています。カントは、これを、『純粋悟性概念』とか、『範疇《はんちゅう》』とか言うんですけど……」

「どういうものですか?」

「単に列挙するだけなら、次のようになります。

量に関しては、単一性、数多性、全体性。

質に関しては、実在性、否定性、制限性。

関係に関しては、実体、原因、相互性。

様相に関しては、可能性、現実存在性、必然性。

でも、これではなんのことやら、ですよね。そこで、もう一度、感性によって与えられたものに戻ってみましょう。

　カントは、感性によって与えられた『現象』を、『直観の多様』と言います。それらは、空間と時間の内に与えられていますが、カントによれば、それだけではまだまとまりを持ったものとはなっていなくて、単なる『多様』にすぎないんです」

「ばらばらなんですね。でも、私は例えば目の前のものを一つのカップと見、それが陶製の物体であることを知っています」

「そう。そういう認識は、認識の一つではあるけれど、感性的直観だけでは、まだとてもその段階にまで到っていないんです。そこで、悟性が与えられた多様を概念的に捉えるわけです。そのときに、悟性にはじめから組み込まれている範疇が機能するんですよね。そして、あるものを物として捉えた上で、それがある性質を持つというふうに考えたり、あるいは、あることが原因となって、あることが生じたと考えたりするんです」

「ああ、感じはわかります」

「でもね、カントのこの議論は、今はこれ以上立ち入ることは、やめておきましょう。というのも、彼の『総合』や『統一』についての見解、それにまた、感性と悟性の間を媒介する構想力（想像力）の働きについての彼の見解など、しっかり考えなきゃならないことが山ほどあるんです。でも、彼の『コペルニクス的転回』の在り方は、感じとしてはつかんでもらえたんじゃないでしょうか」

「はい。つまり、私たちの心に組み込まれている、物の捉え方のようなものに従って、物の認識が成立する。その感じですね」

「そうそう。しかも、そうして認識されるものは、物自体じゃない」

「物自体じゃなくて、物自体によって心が触発されることによって感性に与えられる現象が、悟性の対象として取り扱われるということですね」

「そうです」


超越論的観念論?


「でも、そうすると、やっぱり観念論みたいですね」

「そうなんです。心の外に、物自体はあるとされるけど、それは認識できない。カントによれば、僕たちは、あくまで、現象の世界を扱っているのです。言い換えれば、ロックが『観念』と呼んだものにあたる『表象』を、僕たちの心は扱うにすぎないというわけです。でね、カントは、自分のこのような考えを、『超越論的観念論』と呼ぶんです」

「本人も、観念論であることを認めているんですか?」

「そう。だけど、『超越論的』という形容詞がしっかりついていますよね」

「なんだか、むずかしそうですね」

「いや、必ずしもそうじゃありません。でも、このあたりのことは、生島先生にお願いしましょう」

「え、ここまで来たんだから、続きもやってよ」

「まあ、そうおっしゃらずに」

「やれやれ、シュプリンガー先生は、いいとこだけ話して、ここで交代というのは困るよね。でも、なんとかしましょう。

さて、カントは、『純粋理性批判』において、われわれの認識能力の解明を行おうとしているんだよね」

「つまり、私たちがどのようにしてものを知ることができるのか、ですね」

「そう。そして、それに基づいて、さらに、知ることの限界を明らかにしようとする」

「認識の限界ですね」

「そうそう。そのために、彼は、われわれの感性や悟性がもともと持っているものを明らかにしようとする」

「空間とか時間とか、範疇とか」

「そう。そして、様々な規則。そうしたものは、われわれがものを知ることを可能にする条件であって、それら自身は、われわれが経験によって、つまり感性と悟性を働かせて認識を行うに先立って、すでにわれわれに与えられているものだと考える。

だから、そうした認識を可能にする諸条件は、経験以前にすでに与えられている。カントの言い方だと、『アプリオリ』なものであるわけ」

「『アプリオリ』ですね」

「そう。『先天的』と訳されることもある。つまり、カントは、認識に関わるアプリオリな諸条件を解明しようとしているわけだ」

「経験によって与えられたものじゃなく、もともと私たちの心に備わっているという意味で、『アプリオリ』なんですね。『アプリオリ』で、しかも私たちの認識を可能にするものが、研究されているわけですね」

「そうそう。そして、アプリオリな認識のうち、認識を可能にするアプリオリな条件に関するものを、カントは、『超越論的』と形容するんだ」

「ああ、つまり、『超越論的』というのは、アプリオリな認識のうち、認識のアプリオリな可能性に関わるようなもののことなんですね」

「そう。空間はもともとわれわれの感性に直観の形式として備わっている、とかね。そういった、認識の可能性を考える立場からすれば、われわれの認識は、物自体に関わるものではなくて、物自体によって心が触発されて与えられる現象に関するもの、言い換えれば、表象（つまりは観念）に関するものだよね」

「はい」

「だから、その意味で、超越論的観点からすれば、観念論であると、カントは言うわけだ」

「ああ、それで、カントは、自分の立場を、『超越論的観念論』と言うんですね」

「そう。だけど、そう言いながら、他方でカントは、『経験的実在論』と言う」

「どういうことでしょう」

「つまりね、認識がどのようにして成立するかを考える視点からすれば、われわれは物自体を扱うのではなく、現象を扱うのであるから、『観念論』だと言う。だけど、そういう視点ではなく、現場で認識を行う当人の視点からすれば、実在論だと言うわけ」

「ああ、つまり、日常的な視点からすれば、やっぱり物（や空間や時間）は実在していて、それを認識していると本人は思っているというわけですね」

「そうそう。認識というものの在り方を考える視点からすれば、物自体ではなく現象を扱うことしかわれわれにはできないから、観念論だと言わなければならないが、認識を行っている当人にとっては、物が空間・時間の内にちゃんとあるようにしか見えない。その意味で、実在論だというわけだ」

「でも、それで人は納得するでしょうか」

「そう。それが問題なんだ。実はカントはバークリと同一視されてね、カントに言わせれば、日常僕たちが実在する世界だと思っているのは、心が物自体によって触発された結果与えられる表象の世界だよね。だから、いくら『超越論的』という形容詞をつけても、観念論は観念論なわけ」

「そう言えば、ロックの場合も、日常的視点からすれば『物』であるものが、知識の可能性を論じるロック自身の視点からすれば、『観念』ですよね」

「そう。ところが、ロックの場合、確かに、われわれの直接的対象は観念ではあるけど、仮説的方法によって物そのものの在り方を考えたり調べたりすることを認めていたよね。日常『物』と思っていたものが実は『観念』なんだということは、むしろ、『物そのもの』を新たに考えた結果だよね。だったら、ロックの場合に、百歩譲って『超越論的』という言葉遣いが許されるなら、日常的な『物』については超越論的観念論だけど、粒子仮説的な物そのものについては、明らかに、超越論的実在論なわけ」

「ところが、カントにとっては、『超越論的観念論』でしかないわけですね。物自体の存在を認めているのに、どうしてでしょう。あ、そっか。物自体は認識できないという立場ですから、物自体の存在を認めても、認識を行う者にとってはなんの意味もないということですか」

「おそらくね。物自体にアプローチできず、現象しか相手にできないはずのわれわれにとっては、物自体が存在するという意味で『超越論的実在論』ということを言っても、空しいだけだからね」

「ということは、ロックとカントのそうした違いは、結局のところ、仮説的方法によって導入されたロック的な『物そのもの』が、カントでは形骸化してしまったということですか?」

「僕は、椎名さんが今言ってくれたとおりだと思う。よく哲学史で、カントにおいて哲学と科学が乖離《かいり》したなんて言われるんだけど、それまで緊密な関係にあった第一哲学と自然学との『物そのもの』をめぐる関わりが、カントにおいて歪んでいったと僕は見ている。その結果、仮説的に導入されたロックの『物そのもの』とは違い、『物自体』なるものが、まったく認識不可能であるにもかかわらず、はじめから当然のように、『純粋理性批判』では登場してね」

「ということは、すでに『観念』という言葉遣いがかなり知られてきたのを利用して、バークリやヒュームがいきなり『観念』という言葉を外のものとの対比なしに使えたのと同じように、『物そのもの』が私たちを触発するという仮説的発想を暗黙の裡に利用した形で、カントは『物自体』があって私たちを触発すると言うことができた。そう先生はお考えなんですか?」

「そう。僕は、それが隠された筋書きだったと思っている。カントは『あの有名なロック』という言い回しをよく行うが、ロックについては、否定的でね」

「どうしてですか?」

「そりゃあ、カントに言わせれば、ロックが『人間知性論』でやったことは、自然学をベースにしている以上、自然学(つまり自然科学)なんだ。でも、自分はそれとは違うと言いたいわけ。だから、ロックのやったことを、『人間悟性の自然学』などと批判することになる」

「観念論の論駁」

「でもね、そう言いながら、実際カントがやったのは、ロック的な枠組みに乗っかって、その論理を不当に歪めることだったと、僕は思うんだ。その証拠に、カントは、『観念論の論駁《ろんばく》』で、それまでの哲学の流れからすると、おかしなことを言う」

「え、何ですか、それは?」

「カントはバークリと同一視されるのを嫌って、『純粋理性批判』の第二版で、『観念論の論駁』というのを書き加えてね。ところが、そこでカントが実在すると主張するのは、物自体ではなくて、僕たちが日常『物』だと思っているものの方なんだ」

「えっ」

「あのね、観念論じゃないと言うんだったら、物自体はちゃんとあるんですよと言わなければならないんじゃないの？」

「ああ、それはそうですね」

「ところが、カントは、物自体があるということじゃなくて、僕たちが日常『物』だと思っているものが実在することを、証明しようとするんだ」

「でも、私たちが日常『物』だと思っているものは、現象の世界、ロック風に言えば、観念の世界に属するんですよね」

「そう。だから、そうした日常『物』と思っているものが実在することを証明することは、僕らが現象界とは知らずに『世界』だと思っているものがちゃんと『世界』なんだと言ってみせることと同じでね」

「はいはい。ロックの場合も、粒子仮説の立場からすれば観念でしかないものを、普段は、実在する『物』だと思って相手にしているわけで、そういうものが存在すると言われても、それはそうでしょうと言うしかないような気がします」

「そう。ところが、ロックが『観念』という言葉を使って『人間知性論』で議論する際に彼が気にかけたのは、『物そのもの』があるということがどうしてわかるのかということだった」

「観念だけが心の直接的対象だと主張したからですね」

「そう。そうすると、カントの問題意識がどのようにずれているかが、椎名さんにはわかったんじゃないかな」

「ああ、もともと、『観念』という言葉を導入した人にとって気がかりだったのは、観念の向こうにちゃんと物があることを言わなきゃということだったんですね」

「そう。それを言わなきゃ、観念論になる」

「ところが、カントが観念論だと言われてやったのは、物自体が実在することの証明ではなくて、経験的に実在すると私たちが思い込んでいる日常的に『物』だと思っているものの実在性を明らかにすることだった」

「そうそう。そんなわけで、カントはいくつもの意味で、十七世紀的な観念の論理、言い換えれば表象の論理を、歪めてしまったというわけだ。でも、こんなことを言うと、カント学者は、きっと怒るんじゃないかな。ま、いいけどね」

「しかし、先生、そうなると、観念を重視するタイプの哲学というのは、十七世紀に自然学をベースにその原型ができあがって、十八世紀にはいくつかの仕方で変質していったということになるわけですね」

「そう。でもね、僕は、バークリやヒュームやカントには冷たいことを言ったけど、その一連の変質過程の中で、様々な問題を人は考えた。今回立ち入らなかったその様々な問題への具体的アプローチが、僕たちがものを考える上で、多くの刺激を与えてくれることは間違いない。だから、そのことを念頭に置いて、大いに勉強してほしいと思うよ」

「はい。なんだか、おもしろそうなことになってきました」

概念図式をめぐって

「最後に一つだけ、そのおもしろそうなことの例を挙げておこう。カントの考え方だと、僕たちがこのように世界を認識しているのは、僕たちの側に、ある『ものの見方』がすでに組み込まれているからだよね」

「はい」

「ところで、そのものの見方が、カントの場合には一組しかないと言うんだけど、もしかして複数あったらどうしよう」

「えっ、複数あったら、ですか？　そしたら、すっごく違った世界の見方をしているということが、ありうるということですね」

「そうなんだ。ずっとのちに、この問題を扱おうとした人たちが、このものの見方のことを、ドイツ語で『ベグリフスシェーマ』、英語では『コンセプチュアル・スキーム』、日本語では『概念図式』なんて言う」

「あれ、『概念図式』ですよね。シュプリンガー先生が、前に、デイヴィドソンの『概念図式という観念そのものについて』という論文のことを、おっしゃっていました」

「ああ、それそれ。それなんだ。概念図式が違うと、世界が違う。このような考えは、言語学のサピア＝ウォーフの仮説とか、トーマス・クーンのパラダイム論なんかに認められるんだけど、デイヴィドソンはこのような考え方を、厳しく批判してね」

「ああ、この前の話ですと、デイヴィドソンは物との直接的接触を主張する立場ですから、世界と私たちとの間に世界の見方を変えるようなものが介入するという考えを認めないわけですね」

「うん。まあ、そういうことだ。ところが、この件について、デカルトやロックとの関係で、なにか思うところはないだろうか？」

「え、例えば、デカルトやロックが新しい物体観を取り入れたとか、そういうことですか？」

「そうそう。それなんだ」

「つまり、彼らは、物体についてのものの見方を変えたわけですね」

「そう。人間は、これまで、様々にものの見方を変えてきた。そして、カントの考え方も、デカルトやロックたちの考え方の延長線上にあると考えられるよね」

「そうですね」

「だとしたら、ものの見方の変化というものを、物との直接的接触という考え方とどう折り合いをつけるか。この問題が残っていると、思わないかな？」

「え、あ、そうですね」

「そもそもデイヴィドソンが、直接的接触と言っているものがどういうものなのか。あるいは、カントの見解は、その後どのような影響力を行使したのか。こういう問題が、現代の心の哲学との関係で出てくる問題とともに、いっぱいありそうだということが、なんとなくわかってもらえればいいんだけど」

「はい、感じはわかります」

「じゃあ、デカルトあたりから、もう一度詳しく調べてみたら、どうだろう」

「なんだか、やりがいのありそうな作業ですね」

「そう。おもしろいことがいっぱい出てくるのは請け合いだよ。それと現代の心の哲学の議論とをつき合わせながら考えると、さらに考えが進むんじゃないかな。

ところで、これまで論じてきた、観念を重視する哲学は、基本的に、僕たちの信念や知識にまつわる問題との密接な関係の中で、営まれていたよね。実は、このことは、現代の心の哲学でも言えることなんだ。心の哲学のそのあたりの問題については、いつかまた講義で取り上げるつもりだから、よかったら聞いてください」

「必ず聞かせていただきます」

ラルフの帰国

翌日、生島がラルフを関空まで見送りにいくのに、ゆかりもついてきた。

「シュプリンガー先生、本当にいろいろありがとうございました」

「いやあ、椎名さんにまたお会いできて、よかったですよ。哲学史研究、頑張ってください」

「了解です。

先生、また日本にいらしてください。今度は、京都をいっぱいご案内しますから」

「必ず来ます。椎名さんも、ドイツに来られることがあったら、必ずお電話ください。べルリンは、いいですよ」

ラルフを見送ったあと、帰りのリムジンバスの中で、ゆかりが少し寂しそうにしている
のに、生島は気づいた。

「あれあれ、椎名さん、元気を出しなさいよ」

「はい……」

「あ、出ないかな。

それじゃあ、こうしよう。実は、あのシュプリンガー先生、『招聘外国人学者』として、
また近いうちに、京都に来られることになっているんだ」

「え、そうなんですか?」

「そう。だから、そのときに、しっかり京都案内をしてあげてね」

「はいはいはいはい」

急に嬉しそうな顔になったゆかりに、「おやおや」と心の中で思いながら、このところ
少々過労気味の生島は、いつしかバスの中で眠りこけていた。

そんなわけで、

「先生、京都ですよ。起きてください」

というゆかりの大きな声に起こされても、生島は、夢と現実の区別がすぐにはつかない

ありさまであった。

解説　その四

勘のいい生島は、すでになんとなく気がついていたのですが、ラルフとゆかり、これからどうなるのでしょうか。いずれにしても、ゆかりの京都案内が近々始まりそうです。

それはそうと、デカルトの心身二元論と言えば、ここに取り上げたギルバート・ライル（一九〇〇―一九七六）の批判が有名です。心を身体の在り方に還元しようとする彼の「論理的行動主義」は、『心の概念』（一九四九年）の出版とともに一世を風靡《ふうび》し、その本は、すでに、現代の「心の哲学」の古典となっています。しかし、生島が言っていますように、他人の心についてはそうした立場が採りやすいとしても、自分自身のこととなると、一人称的視点が常に残って、話はそう簡単にはすまないようです。そのあたりが、現代の心の哲学でも、大きな問題になっているのです。

もう一つ、ここで論じられているのは、自然学的思考が重要な役割を果たしていた十七世紀の「観念」重視の哲学が、その後、どうなったかです。

ロックのあと、イギリスでは、ジョージ・バークリ（一六八五―一七五三）やデイヴィッド・ヒューム（一七一一―一七七六）が登場します。バークリについては、前作『観念論ってなに？』で詳しく紹介させていただきました。ヒュームは、スコットランド出身で、主著は『人間本性論』（一七三九―一七四〇）です。ヒュームは、前作でも触れましたように、原因・結果の観念について、それは経験から捉えられる以上のなにかであるという見解を提出し、最近のヒューム研究では、これを、因果性は人間の悟性（＝知性）が先天的に持っている物の捉え方（純粋悟性概念）であるとするカントの見解と積極的に繋ごうとする動きがあります。

ロックの場合には、「観念」という言葉は、まだ馴染みのないものとして扱われていましたが、バークリとヒュームの時代には、すでに人口に膾炙《かいしゃ》するようになっていました。そこで、両人とも、新たに措定された「物そのもの」との関係においてその意味するところを説く必要はなく、あたかも当然のことのように、その言葉を使用します（但し、ヒュームの場合には、感覚の観念と言われていたものに対しては「印象」という表現をあて、記憶や想像の観念について、「観念」という言葉を使用するという手直しを行っています）。そして、バークリの場合には、観念と言えば「物そのもの」との対比を考えなければならないという含みはすでになく、また、ヒュームに至っては、日常的な「物」があるのかないのかすらも明確ではないといったような、そういう「物」理解の上で、「観念」を使用するのです。これは、とりもなおさず、観念がもともと持っていた自然学的論理、言い換えれば観念の「自然主義」的性格が、希薄になっていったことを示しています。

このような観念の論理の変質を、もう一つ別の仕方で示唆するのが、イマヌエル・カント（一七二四—一八〇四）の『純粋理性批判』（第一版一七八一年、第二版一七八七年）です。ここには、ロックの場合とすごく近い構図が現れます。まず、「物自体」というものがあり、これが心を「触発」して、感性により、現象としての対象が与えられます。そして、この対象を、概念操作機能としての悟性（知性）が捉えます。カントの場合には、この上に、さらに狭義の「理性」が大きな話題のもととして扱われます。が、それはともかく、ロックの場合に「物そのもの」が措定され、それがわれわれの感官を「触発」し、その結果心の中に感性的な観念（感覚の観念）が与えられ、これが処理されて知識を得るに至るというのと、基本的に同型的な形になっています。

ところが、ロックの場合、「物そのもの」は、自然科学の方法の一つである仮説的探求の対象となるものでしたが、カントの「物自体」は、われわれにはまったく知ることのできないものとなっています。しかし、それにもかかわらず、物自体は存在して、われわれの心を触発し、感性において表象としての対象を与えると言うのです。

私たちが日常「物」とみなしているものが、ロックにおいては、実体の複合観念であったように、カントにおいては、それは、表象として与えられた対象が悟性によって捉えられたもので、その意味で、物自体ではなく、感性によって与えられる現象でしかありません。ですから、物自体の存在を認めつつ私たちの認識の可能性のアプリオリな条件を考える「超越論的」視点からすれば、カントの立場は「超越論的観念論」なのです。しかし、経験によって物を知る当事者の立場では、実在する物が対象となっているように見えるわけで、その意味で、それは同時に、「経験的実在論」なのです。そこのところは、ロックの考えと、まったく平行しています。ロックにおいては、新たに物そのものを仮説的に考える立場では、日常的な物は観念であって、そこのところだけを取りますと、日常的な物に関しては、彼の立場は観念論です。ところが、粒子仮説的に考えない日常的視点からすれば、それは、観念ではなくて、実在する物だというのですから。

このように見ますと、ロックとカントの枠組みの違いのうち、とりわけ際立っているのは、「物そのもの」(カントでは「物自体」)の扱いです。繰り返せば、ロックの場合、「物そのもの」は、仮説的に存在するものとして措定されているのに対して、カントにおいては、「物自体」は、まったく知ることのできないものであるにもかかわらず、存在するとされ、これが、彼の見解の内部では、説明されえないものとなっています。これは、ちょうど、「観念」という言葉が慣れ親しまれると、「物そのもの」との関係を意識することなく一人歩きしてしまうのと同じように、「物そのもの」という考え方が慣れ親しまれるうちに、それが仮説的に措定されたものであったことが忘れられ、一人歩きしだしたものと考えられます。

そして、ロックの場合、物体に関する私たちの知識が本物かどうかが、物そのものとの関係で考えられていたのに対して、カントの場合には、物自体はそこではなんの役割も担うことがありません。そして、観念論ではないかとの疑問に対しては、「表象（ないし現象）としてではあるが、物は実在する」という（ロックの場合だと、粒子仮説の視点では「観念」でありながら、日常的には「実在する物」とみなされるというのと同じ）答え方で、観念論ではないと答えたことにしているのです。

こうして、デカルトやロックの「観念」（ないし「表象」）がもともと持っていた新たな自然学的発想との繋がりが、バークリやヒュームやカントにおいては、それぞれの仕方で希薄になり、あるいは変質していき、こうして、自然主義的論理が歪んでいったのにおおよそ比例して、（もう一度ローティの言葉を借りれば）「スーパーサイエンス」としての「哲学」という、ニーチェが笑いそうな哲学の観念が、固まっていったと見ることができるのです。

私のこうした見解は、哲学を軽んじるものでは決してありません。むしろ、その反対です。私自身にとっては、殻に籠《こ》もった哲学には用はありません。また、哲学に深遠さのムードだけを求めるような人たちにも、同じく用はありません。その点では、私は愛すべきフッサールとまったく同感で、「深さ」の雰囲気など、そもそも哲学とは関係がないのです。大切なのは、問題の真相を見抜く鋭さです。

基礎づけ主義をめぐる当面の問題に関して言えば、本書のこれまでの議論は、全体として、基礎づけ主義という立場が実際に成就されることはなさそうだという方向に向かっています。この件は、次章で主題的に扱います。そして、この反基礎づけ主義の方向性が十分に理解されるなら、そこからが、私たちにとって、問題の本当の始まりなのです。

こうして、本書の議論は、本シリーズ第一作第三章で紹介した、リチャード・ローティの見解としっかり繫がることになります。絶対ということがありそうにないところで、いかに生きていくか。このことが、今日の哲学の、最大の課題なのです。

ギルバート・ライルのデカルト批判については、ギルバート・ライル『心の概念』(坂本百大他訳、みすず書房、一九八七年)をご覧ください。バークリのことは、前作『観念論ってなに?』で論じたとおりです。また、ヒュームについては、デイヴィッド・ヒューム

『人間本性論』第一巻（木曾好能訳、法政大学出版局、一九九五年）をお薦めします。

カントの『純粋理性批判』には、複数の優れた翻訳書があり、カントの参考書に至っては、夥《おびただ》しいものがあります。「物自体」について検討するには、まずは、エーリッヒ・アディッケス『カントと物自体』（赤松常弘訳、法政大学出版局、一九七四年）がお薦めです。なお、ここで生島が示したカント理解については、拙著『アメリカ言語哲学の視点』（世界思想社、一九九六年）第II部第三章、Yasuhiko Tomida, 'Descartes, Locke, and "Direct Realism"', in Stephen Gaukroger, John Schuster and John Sutton (eds.), *Descartes' Natural Philosophy* (London: Routledge, 2000), pp. 569-575等ですでに言及したことがあります。参考になれば幸いです。

さて、これでヨーロッパ近世の心の哲学の話は一段落かと思ったら、年明けの一月四日、仕事始めの日に、生島の研究室にゆかりがもう一度訪ねてきます。こうして、最後にもう一つ、基礎づけ主義をめぐる話が続きます。

第五章　基礎づけ主義再考

仕事始めの日に

それから間もなく年の瀬となり、生島たちは新年を迎えた。一月四日、生島が仕事始めの委員会を終えて研究室に戻ってくると、振袖を着たゆかりが、ドアの前で待っていた。

「おや、椎名さん」

「先生、あけましておめでとうございます」

「ああ、おめでとう。本年もどうぞよろしく」

「どうぞよろしくお願いします」

「その振袖、よく似合うじゃない」

「あ、そうですか？　友だちと八坂神社に初詣に行ってたんです」

「それはそれは。で、どうしました」

「新年早々恐縮なのですが、少しお時間をいただけないかと思って」

「ああ、いいですよ」

生島は、研究室のドアを開け、ゆかりにソファーを勧めて、アップルティーを入れた。

「いただきます」

「で、何でしょう」

「基礎づけ主義のことなんです」

「基礎づけ主義ですか。でも、どうしてかな？」

「暮れにはいろいろとお話を聞かせてくださって、本当にありがとうございました。お蔭さまで、ヨーロッパ近世の心の哲学が、本当は、デカルトやカントの考えるようなタイプの基礎づけ主義じゃなくて、自然科学をはじめとするその時代の正しいと思われた考えをベースにしたものであったことが、よくわかりました。それで、そうしたタイプの、特に自然科学的思考をベースにした哲学の在り方を、『自然主義』って言うんですよね」

「そう。自然主義と呼ばれる立場にはいろいろなものがあるけど、フッサールやクワインが問題にした『自然主義』というのは、そういうものだった」

「そのフッサールとクワインなんですけど、フッサールは、若い頃、心理学という経験科学を基礎的な学問とみなす立場を採っていたんですよね」

「そう。『記述心理学』というんだけどね。でも、やがてこの立場を改めてね」

「それは、科学の基礎を考えるのに科学を使うのが、悪い循環だと思ったからですよね」

「ああ、よくわかってるじゃない。そこでフッサールは、科学とは異なる営みとして、自らの現象学的基礎学を構築しようとしたわけだ。ところが、フッサールと入れ替わりに登場するクワインは、科学を解明するのに科学を用いるという循環を、肯定的に受け止めようとしたんだよね」

「両者の考えは、正面から対立するわけですね」

「そうなんだ」

フッサールの反自然主義

生島は、アップルティーを一口飲んで、話を続ける。

「フッサールが自然主義をどのように見ているかを知るには、一つは『論理学研究』第一巻を見るのがいい。これは、初版が一九〇〇年なんだけどね。その中でフッサールは、普遍妥当的で必然的な論理学の諸命題を、心理学的研究によって基礎づけることの不当性を強く主張するんだ」

「普遍妥当的で必然的な、論理学の諸命題、ですか？」

「そう。例えば、矛盾律。われわれは、Aであると同時にAでないと主張することを認めないよね。『AでありかつAでないわけではない』――これが矛盾律と言われるものなんだけど、例えばこの矛盾律の妥当性を、心的現象を調べることによって確認しようとするのが、心理学を基礎学とする立場でね」

「心的現象を調べるのは、『AでありかつAでないわけではない』と考えること自体が、心の働きだからですね」

「そう。それで、心的現象を調べてみる。ところが、フッサールに言わせると、それって心的な事実を調べるってことだよね」

「はい」

「ところが、事実っていうのは、そうなっているけどそうでない可能性もあるというものでね」

「ああ、例えば私は今ここにいますけど、友だちと一緒に喫茶店に行っていたり、まだ東京で家族と一緒に過ごしていたりしたとしてもいいわけですね」

「そうそう。そういうわけだから、事実は『偶然的』なものだと一般に考えられている」

「つまり、そうでない可能性もある。だから、矛盾律みたいな必然的と考えられる原理を、心的現象に関する偶然的事実の研究によって妥当だとするのは、根本的に間違っているとフッサールは考えるんですね」

「そうそう。それに、その心理学的研究自体が、すでに矛盾律を使っていたりして……」

「ああ、そうですね。矛盾律を含め、論理学の妥当性を明らかにしようとする心理学的研究自体が、すでに矛盾律などの論理学的原理の妥当性を前提しているわけですね。ああ、そっか。それで、『循環』してるって言うんですね」

「そう。

こんなふうに、フッサールは『論理学研究』第一巻の『プロレゴーメナ』で、すでに心理学という自然科学を用いて論理学を基礎づけるという意味での自然主義を批判したわけだ。だけど、フッサールの反自然主義の立場をより明確に押さえるには、彼が一九一一年に『ロゴス』第一巻に掲載した『厳密な学としての哲学』という論文を見るのがいいかも。フッサールは、自分の目指す現象学について、『現象学的本質分析は、決して経験的分析ではありえない』と言って、現象学と心理学とを区別してね」

「現象学は、本質を明らかにすることを目指すんですね」

「そう。フッサールは、自らの現象学を『本質学』と規定する。本質というのは、ものごとの偶然的な在り方じゃなくて、ある種普遍妥当的なものと考えられたよね。例えば人間の本質は『これこれ』という定まった人間の在り方のことで、たまたまそうなっているというのでは人間の『本質』ではない。そういうわけで、フッサールは、心理学という経験科学を、本質を捉えるという仕方で他の学問の基礎を与えるべき学問と取り違えている当時の風潮を、厳しく批判したわけ。

これに対して、二十世紀後半の分析哲学をリードしたクワインは、科学を用いて科学を解明する自然主義の『循環』という性格を、肯定的に見る。この点で、フッサールとはまるで逆の方向に向かっているんだよね」

クワインの自然主義と、ローティの自文化中心主義

「クワインについては、ちょっと調べてみたんですけど、それがとりわけ明確に現れるのは、一九七四年に出版された『指示のルーツ』においてですよね」

「そうだね。そのはじめのところで、クワインははっきりと自然主義的立場を擁護している。そして、自然主義が犯しているように見える『循環』について、循環性を恐れるのは、『論理的臆病さ』のゆえであり、そんな臆病さは不必要だと言っているよね」

「そう。そうなんです。なんだか、かえってすごいって感じです」

「そうだね。そうはっきり言われると、ちょっと嬉しくなるよね」

「つまり、科学とは関わりなく成立する純粋で絶対的な学問があって、それが科学的営みを解明したり科学的営みの妥当性を保証したりするという考えを、クワインはきっぱり否定するわけですね」

「そうそう。だから、そうした、科学とは独立した第一哲学を求めたデカルトを、フッサールが高く評価するのに対して、クワインは、このデカルト的な考えを明確に拒否する。そして、その循環を引き受けて、自分が科学のある考え方を正しいと思うのなら、科学に

関する問題を考えるのにそれを用いるのは当然のことじゃないかと言う」

「ということは、ローティ的な『自文化中心主義』の先駆として、クワインの自然主義的立場を捉えることができるというわけですね」

「あ、いいこと言うじゃない。そのとおり。

ええと、ちょっと待ってね」

そう言って、生島は、書棚から一冊の本を取り出した。

「そうそう。ここだね。クワインは、一九六〇年に出版した『言葉と対象』の中で、すでにこんなふうに言っている。


われわれは今や照準を下げて、相対主義的真理論で手を打つ——それぞれの理論の諸言明を、その理論にとって真なるものとみなし、高次の批判をまったく許さない——ことにしてしまったのか。そうではない。われわれの立場を救うには、次の点を考慮しなければならない。それは、われわれは相変わらず、われわれ自身の特定の科学の総体、われわれ自身の特定の世界理論、ないし、様々な疑似理論がゆるく結びついてできた構築物の全体を、それが何であろうとも、まじめに受け取り続けるということである。われわれは、デカルトと異なり、科学的方法と曖昧に呼ばれているものによってそのいずれかの部分をもっとよいものに変えるまで、現在のわれわれの信念を、哲学活動のさなかにおいてすら、承認し使用するのである。われわれは、自分たち自身の進化する教説全体の内で、われわれになしうる最高度の真剣さと絶対性とにおいて、真理を判断することができる。訂正はありうるが、それはわかりきったことである。(W. V. Quine, *Word and Object* [Cambridge, Mass.: The MIT Press, 1960], pp. 24-25)

ここでは、デカルト的な立場を拒否するとともに、われわれは『科学的方法と曖昧に呼ばれているものによってそのいずれかの部分をもっとよいものに変えるまで、現在のわれわれの信念を、哲学活動のさなかにおいてすら、承認し使用する』と、きっぱりと言い切っているよね。

今、ある科学の成果を正しいと思うのなら、それを用いて他の様々な事柄について考えるのはあたりまえじゃないかと言うわけだ。その意味で、クワインの発言は、今自分たちが正しいと思うことから始めるしかなく、もっとよい考えに行きあたればそのときにはそれに乗り換えればよいというローティ流の自文化中心主義を、明確に先取りしていると考えられる」

「あのー、その場合にですけど、何が『もっとよい』と言えるのかを判断するとき、『よい』ということが何であるかがわかっていなければ何がよりよいか言えないじゃないかという発言を聞いたことがあるんですけど……」

「ああ、ローティの『自文化中心主義』に対して、よくそう言う人がいるね。でも、それって、ローティの考えをまったく理解していないものでね。そもそもそう言う人自身が、いろいろなものについて自分であれよりもこれの方がよいと判断しながら生きているわけだ。そのとき、その人自身、『よい』の絶対的基準を手にしているとでも思い込んでいるのかな」

「いいえ、そうじゃないと思います」

「じゃあ、話は簡単で、自分でも今のところはとりあえずこっちの方がいいと思うということでやっていくしかないのに、なぜローティの自文化中心主義に対しては、『よい』の絶対的・超歴史的基準がなければ『よりよい』という判断ができないはずだなんて言うんだろう。そんな自己矛盾に気づかない揚げ足取りの自称『哲学者』や『倫理学者』が、我が国にはどうも多いように思われる」

「あ、先生、怒っておられませんか?」

「あ、怒ってます。失礼。いい歳して、相変わらず、すぐホットになるもので」

「でも、先生、そういうホットになるのって、いくつになっても人間として大事なことだと思っておいでになりませんか？」

「あ、椎名さん、なんでわかるの？　実にそのとおりで、僕は、嬉しいときに素直に喜び、悲しいときに泣き、怒りを怒りとして素直にぶつけることを、人はなぜしなくなってきたのか、永らく疑問に思っているものでね」

「あ、それ、私にもわかるような気がします」

ゆかりの疑問

「それは嬉しいね。あ、だけど、それはそうとして、話を先に進めようね。椎名さんが今日わざわざ訪ねてくれたのは、フッサールやクワインやローティの話を聞くためじゃあないよね」

「いえ、それもうかがいたかったことの一つなんですけど、もう一つ疑問に思うことがあるんです。それは、ヨーロッパ近世の基礎づけ主義的な試みが結局自然主義的性格を持っていて、その試みが成就することはなかったとしても、そのことは、絶対に確かな知識を得てそれに従って生きていくという可能性を全面的に否定するものではないかもしれないと思うんです」

「そう。椎名さんの言うように、近世の哲学者たちが提出した考え方が、本当は基礎づけ主義的ではなかったとしても、その事実は基礎づけ主義がそもそも不可能な立場であることを示すわけではない。もしかしたら、彼らの失敗を教訓として、別の形でそれを実現することが今後できるかもしれないと考えることは、論理的に不可能ではないからね」

「ですよね。そうすると、かつてのフッサールのように、そういう別の可能性を考えるのが哲学の仕事だと考える人も、いるのではないでしょうか」

「ああ、なるほど。そのことが気になっているんだね」

「はい」

「じゃあ、そのことについて、一緒に考えてみましょう」

「よろしくお願いします」

推論と直観

「確かに、今までそうじゃなかったからといって、これからもそうじゃないとは限らない。だから、今まで基礎づけ主義がうまくいかなかったからといって、今後もうまくいかないとは言えないようにみえるよね。でも、そんな考え方はもうやめた方がいいということには、単なる論理的な可能性・不可能性の問題を超えた、いくつかの理由があるんだよね、これが」

「え、どんなのがそうなんですか？」

「まず、こういうことを考えてみよう。仮に椎名さんが、絶対に確かな知識、絶対的真理と言えるものを得たとしよう。でも、それって、一挙にそこへと到れるものだろうか」

「ええと、ご質問の趣旨がもう一つわかりかねるのですが、ともかく、私がそういうものに到るとしても、とりあえず今自分がこうだと思うことから考察を開始するしかないと思います」

「そう。デカルトが『我あり』に到るまでに、あれこれ考えてみたようにね」

「そうですね。ああ、すると、なんだか、絶対的真理にたどりつくとしても、そこに到る前にとりあえず正しいと思うものをいろいろ考えるしかないということでしょうか？」

「そうなんだ。どうもそうみたいだよね。もしそうだとすると、自分たちが今正しいと思うものから始めるしかないみたいだ。そして、それが間違いだと思われたときにはもっといいと思われるものに変えていくよう努める。もしわれわれにとってできることが、そういうことでしかないとしたら、それを素直に認めるべきだよね」

「つまり、ローティ流の『自文化中心主義』ですね」

「そうそう」

「それって、よくわかります。でも、そうやって考えていった結果、もし絶対的真理に行きあたったとしたら、そのときには、それまでとりあえず正しいと考えてはいたけど絶対的真理とは言えないものは、捨ててしまっていいんじゃないでしょうか。そんなふうに、結果として捉えられる絶対的真理以外のものを捨ててしまえば、残った絶対的真理だけを手にして、それに従って生きていくということは、可能なような気もしますが」

「なるほどね。とすると、その場合の絶対的真理というのは、とりあえず正しいと思われるようなもの、よく『蓋然的《がいぜん》知識』なんて言われているんだけど、そういうものには一切依存しないで、絶対に真であることがわかるようなものでなければならないよね」

「え、どういうことですか？」

「つまりね、ある前提の結論として絶対的真理が得られるような場合には、その前提そのものがそもそも絶対に真であるようなものじゃないといけないみたいだよね」

「ああ、そうですね」

「そうじゃないと、いい加減な前提から引き出された結論だから、それが絶対的真理であることにはなりそうにないからね」

「はい。それはわかります」

「そんなふうに考えると、いかなる前提にもよらずに絶対に真であるとわかるような、そんな絶対的真理が少なくとも一つはなければならないことになるよね」

「はい。他の絶対的真理がそれを前提にして引き出されるような絶対的真理だから、それ自身は他の前提を持っていてはならないわけですよね」

「そうそう。とすると、そうしたものが絶対的真理であることは、どうしてわかるんだろうね」

「うーん、どうなんでしょう。前提から引き出すというのは、推論によるってことですから、推論によらないわけですよね」

「そう」

「だったら、なんて言ったらいいんでしょう。『直観』によるとでも言えばいいんでしょうか」

絶対的真理を具体的に適用しようとすると

「そうそう。よくそんなふうに言われている。こうだからこうだというんじゃなくて、いきなりこれでしかありえないというふうに考えられる。つまり直観によるというわけ。ところがね、この直観というの、得体が知れないものでね、これを言い始めると、なんでも直観によって絶対に正しいなんてことになりかねない。まあ、そういう危険性がある言葉なんだけど、それはちょっとおいといて、さっき、絶対的真理を獲得してそれに従って生きていくというようなことを言ったけど、それに従って生きていけるような直観的真理なんていうの、実際にはどういうものだと思う?」

「え、そんなものを少なくとも今の私は手にしていませんから、そう言われても困ってしまいますけど……」

「例えば、今ここでアップルティーを飲むべきかどうかを教えてくれるようなものなんだろうか」

「あ、いいえ、そんな個別的なことを言うようなものではないように思います」

「そうだよね。とすると、われわれがそれに従って生きていくような絶対的真理は、もっと一般的な内容のものだろうと考えられるというわけだね」

「はい。そうじゃないと、ものすごく細かい規定を持ったものでなければならないことになりそうですから。この場合にはこうで、あの場合にはああでみたいな。そんなの、無限の場合がありそうですから」

「そうだよね。とすると、僕たちがそれに従って生きていく絶対的真理があるとすれば、それは一般的な規定みたいなもののようだ。ところが、一般的規定というのは、その適用において、それとは別のとりあえず正しいと思われる知識を併用しなければならないんだけど、それはわかるかな？」

「え、どういうことでしょう」

「例えば、『アップルティーはこういう場合に飲むべし』なんていう一般的な絶対的真理があるとするよね。そんなのがあるかどうか知らないけど。でね、それを具体的に適用しようとすると、つまり、今ここでその絶対的真理に従うとしたらどうするのがいいのかを考える場合、『アップルティーはこういう場合に飲むべし』という絶対的真理とは別に、まず、今の状況がどういうものであるかが、間違いなく判断されなければならないことになるよね」

「つまり、今が『こういう場合』と言われているものにあたるかどうかを、自分自身で判断しなければならないということですね」

「そうそう。それから、ここにあるのが本当に間違いなくアップルティーなのかどうかも、正しく判定していなければならないことになるよね」

「ああ、そうですね。……でも、そんなふうに考えると、仮に絶対的真理を手にしたとしても、それに従って生きるためには、私たちはそれに関わるいろんなことを、自分たちで判断しなければならないことになりそうですね」

「そう。そして、そういった自分たちの判断は、絶対に真であると言えるだろうか」

「個々の判断が絶対に真であるかどうかを確認するための絶対的基準を手にすればどうでしょうか。あ、それでもおんなじことですね」

「あ、わかったかな。その絶対的基準を適用するときに、さっきと同じことをわれわれはしなければならないことになりそうだよね。そもそも今の自分たちの判断が、その基準のどの場合にあてはまるかを、これまた自分たちで判断しなければならないことになる」

「そうですね。でも、そう考えると、絶対的真理に従って生きるなんて、なんだか人間をやめることと同じような気がしてきました」

「え、どうしてかな?」

「だって、自分たちの考えのすべてを、なにか定まった基準に照らしてそれでいいかどうか確認しながら生きていくわけですよね。そうなると、もう自分の考えなんてものじゃなくて、直観でもなんでも、どこからか与えられた真理なるものに常に自分を合わせて生きていくわけですから、そんなことをする私たちは、自主性もなにもなくて、まるで機械の歯車みたいな気がします」

「『真理』という動力によってただ動かされるだけの歯車だというわけだね」

「はい」

なぜ絶対的真理を求めるのか

「椎名さんのその気持ち、僕もよくわかるけど、そもそもどうして絶対的真理なんかを求めるんだろうね」

「デカルトの場合には、ちょっと複雑みたいですけど、一般には、なにかすっごく重大な問題について人の意見がまちまちだとか自分の意見が曖昧だとかでは困るという、真剣な思いがあるんじゃないでしょうか」

「確かに。例えば、プラトンは、尊敬するソクラテスがアテナイの法廷で五百人もしくは五百一人の市民からなる陪審員の評決によって、死刑になったよね。これは、プラトンにとっては、許しがたい、堪えがたいことだった。だからプラトンは、真理を得るよう努める人（つまり哲学者）が政治を行わなければならないと主張する。それなんかだと、椎名さんが今言ったことそのままみたいだよね。そして、重要なのは、そうした思いは今日でも少なからぬ人々が持っているってことだ。そして、そういうふうに考えること自体は、すごくまじめな、敬意を払うべきことなんだけどね」

「そうですね。それと、大きな壁にぶつかって苦しくて仕方がないとき、これが真理だというのがあると、それが自分にとって都合のいいものであろうとなかろうと、救われるような気がするというの、あると思います」

「あ、椎名さんって、すごくよく見てるよね」

「いいえ、そんな……」

「いやいや、それってすごく大事なことなんだ。辛くて、でもどうしたらいいかわからないとき、それしかないんだということの保証があると、ある種、かえって気持ちが楽になることがある。これがあるから、その昔、ギリシャのストア派は、宿命論を採ったけど、これって、こうなるのは宿命だと考えることによって、かえって心を落ち着けようとしたわけだ。自分ではどうにもならない絶対的なものを自分たちは引き受けているんだということだね」

「それと、反対の場合もありそうな気がします。つまり、こうすることが絶対的真理なんだと思うことによって、なにかを変えようとするんですけど、そのとき、それは絶対的真理に従っているつもりでのことですから、本当にこれでいいのかどうか悩むことから解放されていると感じることになります」

「そう、椎名さんの言うとおりだね。いずれにしても、自分ではどうにもならない絶対的なものに依拠するしかないわけだから、悩んでも仕方がないというわけだ。だから、絶対的真理を手にしなければという考え方には、なにかこのような、心の安らぎといったような心理的効果が、それにはしっかりと結びついている」

「それだけに、絶対的真理というものには、ある種、大きな魅力があるわけですね」

「そう。そこが重要だね。

そんなわけで、絶対的真理を手にしたいというのには、いろんな理由がありそうだ。だけど、その魅力は、ある大きな危険を伴っていることにも、同時に注意が必要だ」

絶対的真理の危険性

「絶対的真理という考えの持つ危険性ですね」

「そう。それも椎名さんにはわかるんじゃないかな?」

「ええと、あ、つまり、自分が正しいと思っていることを、その保証がないのに絶対的真理と思い込むという……」

「そう、それなんだ。絶対的真理があってほしいと思う。そのとき、自分が正しいと思っているものを、それだと思い込む。思い込んでしまうと楽だよね。そして、それに従わない者は、許しがたい存在だと思う」

「あ、そういうことって、人間の歴史の中で、これまで何度も繰り返されてきたような気がします」

「そう。これを認めない者は、抹殺してもいいと考えるんだよね。そして、その背景には、先ほどの心理的効果が強く働いている。もちろん、それだけじゃなくて、様々な利害がそこには関わっているんだけどね。いちいち具体例を挙げることはしないけど、最近の我が国でも、そうした動きがあったよね」

「はい」

「このように、絶対的真理があるという考え方は、往々にして、本人にはそれが意識されていなくても、自分に都合よくことを運び、それに従わないものを抑圧するために使うことができる」

「そうですね」

「それと、さっき椎名さんは、絶対的真理に従おうという姿勢について、『自主性を失った機械の歯車みたい』と言っていたけど、それも大きな危険性の一つじゃないかな?」

「はい。今考えてみますと、それって本当に人間をやめることみたいな気がします。私自身は、辛いことで悩み続けるのはいやですけど、なにかにすがって自分で考えるのをやめるというのも、私たちの選ぶべき道ではないような気がします」

「でも、楽は楽だよね」

「それはよくわかります。だけど、楽だからといって、考えるのをやめるというのは、それこそあまりにも、共に生きている人々に対して無責任であるような気がします」

「無責任と言えば、さっきの話に戻るけど、絶対的真理が仮にあって、これがそうだということになっても、おそらくそれはかなり一般的な形を持っていると考えられるよね。例えば『殺してはいけない』とか。僕自身はこれを絶対的真理であるとは思っていないけど、仮にこれがそうだとすると、具体的な場面でこれを適用するとき、今直面している場面がそれにあたるのか、例えば自分を殺そうとするものに対してもこの真理が適用されるべきなのかといったことは、すっごく難しい問題だよね。『嘘をついてはいけない』というのもそうだけど、あらゆる場面においてそうなのか、この場面でそれは絶対的に適用されるべきなのかということも、本当はわれわれ自身が悩まなければならないことなんだよね」

「そうですね」

「それとね、ときどき、民主主義よりも独裁の方がいいって言う人がいるよね」

「ああ、私も、聞いたことがあります。それって、民主主義じゃあ能率が悪くて、独裁だとすぐ徹底できるからいいという論法ですよね」

「そう。そして、そこでも、徹底すべきことと考えられているものは、絶対に正しいと思い込まれている。つまり、そんな発言をする人は、たいてい、社会をどうするかに関する自分の方策は絶対正しいと思い込んでいる。そんな保証が本当にあるのかどうか、考えもしないでね。そういうふざけたエリート主義者に、この国でもときどきお目にかかるよね」

「ああ、わかります」

「とすると、本当なら、問題の『真理』とされるものが本当に絶対的真理なのかについて大いに悩まなければならないし、また、仮に絶対的真理を得たとしても、その絶対的真理を適用する場面で結局のところわれわれは悩まなければならないはずなのに、絶対的真理を信奉したい人々は、往々にしてそれによってあらゆる苦悩から解放されると思っているふしがある。だけど、それって、錯覚だよね」

「はい。私もそう思います」

宗教と公私の区別

「いずれにしても、絶対的真理が今日大きな問題になるのは、生き方に深く関わるようなものの場合でね。宗教的なものが、しばしば世界を揺るがす問題のもとになっていることは、椎名さんもよく知っていると思うけど」

「そうですね」

「さっき出てきたローティは、絶対的真理を求めるようなタイプのものも含めて、宗教が個々の人間の人生にとって極めて大切なものである可能性を認める。しかし、彼は、絶対的真理という考えの持つ危険性を十分に察知していてね。このことは、すでに、合衆国憲法の理念のもとになった十七世紀イギリスの内戦を伴う国民的経験が、十分に知らしめていたことなんだけどね。ともかく、特定の宗教的な考えが政治と結びついて全国民に対する強圧的な姿勢をとることを、なんとか避けさせようとするわけ」

「だから、政教分離なんですね」

「そうそう。つまり、宗教的な考えを、政治という公のところで機能することがないようにする。他方、個々人の私的生活の中では、それを個人の自由として保障しようというわけだ」

「公の場では無宗教、個人の生活の中では宗教に関しては自由とするわけですね」

「そう。こういう線引きをすることが、人が互いを抑圧せずに生きるための、様々な歴史的経験を通して獲得された知恵だとローティは考えるんだよね。もちろん、世界には、すべてが宗教的真理によって統制されていなければならないとする考えを持って生きている人が数多くいるということは、ニュースでもよく出てくることだけどね」

「そうですね」

「でも、ローティは、アメリカの改良主義的左派の一員として、こうした公私の線引きによって宗教的真理の個人的意義とそれによる他者の抑圧の間の緊張関係に対する一つの解決を図ろうとするわけだ。僕自身は、このような解決法を大いに是としたいけれど、事態は言うほど簡単じゃないことは、ローティも僕も、十分に承知している」

「と言いますと？」

「あのね、仮に椎名さんが、ある宗教を強く信仰し、そこで中心になっている考え方は絶対的に真であると信じているとするじゃない」

「はい」

「その場合、椎名さんは、その考えを自分の生活の中で適用するに留めて、自分の生きている社会にそれを生かそうとは思わないだろうか？」

「ああ、なるほど、わかります。よく世界を騒がせているように、すべてを自分の絶対的真理で統制するのが、結局はみんなの幸せだと考えるかもしれませんね」

「そう。だから、公私の線引きを認めること自体が、すでに自分が宗教的真理と考えているものに対してある自己規制を行うことを意味する。だから、こういったことからも、基礎づけ主義をめぐる問題の深さが感じ取ってもらえるのではないだろうか」

「わかります。だけど、それでも結局先生は、基礎づけ主義に対して否定的立場をお採りになるわけですね」

「そう。基礎づけ主義が結局のところ多くの人々を抑圧する側に立ってしまうことは、歴史的教訓として、とても重要なものだと思われる。だとすると、われわれは、そちら側に与《くみ》するんじゃなくて、むしろその弊害を除去するよう努めるべきではないだろうか。そのために、僕自身は、基礎づけ主義的思考の大きな支えとなったデカルトやカントの考え方に対して、それを読み直す努力をきちんとしなくてはと考えている。

そして、その一方で、反基礎づけ主義に与するクワインやデイヴィドソンやローティの思想の核心部分を明らかにすることが、現今の事態との関係において、すごく大事なことだと考えているというわけだ。椎名さんにも、できればそのあたりのことをしっかりと考えてもらえれば、嬉しいね」

「先生のお考えはよくわかりました。自分でも、もう一度、よく考えてみます」

直観の偶然性

「それと先生、そのローティのことについてなんですけど、もう一つおうかがいしてもいいでしょうか?」

「ああ、もちろん、いいですよ」

「あのー、ローティは、直観と語彙の複数性というものについて、発言しているようですね」

「ああ、そうそう。今の話題と密接に関わるものなんだけどね」

「そのあたりのことをお話しいただけると嬉しいんですけど」

「そうだね。じゃあ、まずは、直観から。

ローティは、直観というものを、一般に、その時代に優勢な考え方を反映するものと考えるんだ」

「え、直観って、歴史や文化を超えた真理を与えるものではないんですか？」

「そう。これまでは、一般に、そう考えられてきた。ところが、ローティに言わせれば、まるでその反対なんだ。彼によれば、直観というのは、ある考え方に慣れ親しんでいることの結果でね。なんでも慣れてしまうと、直観的にそうだと思うようになる。だから、直観は、超歴史的真理を与えるのではなくて、一般に、その時代・その地域の、偶然的な、親しまれた考え方を表すものなんだ」

「ということは、直観的知識と言われるものを研究すると、かえって歴史性とか地域性とかが明らかになるんですか？」

「そう」

「うーん、すっごくおもしろい見方ですね」

「だよね。これについても、よく考えてみてください」

「はい」

語彙の複数性

「それから、もう一つは、語彙の複数性だったよね」

「はい」

「そしたら、ソクラテスの話からね。

椎名さんは、ソクラテスが死刑になったことについては、よく知っているよね」

「はい。紀元前三九九年に、アテネの牢獄で、毒にんじんをすりおろしたのを飲んで、亡くなりました」

「そう。その死刑の前にソクラテスが語ったことが、プラトンの対話篇の一つである『パイドン』に書かれていてね。そこでソクラテスは、友人から勧められたにもかかわらず自分がなぜ脱獄をせずに牢獄に留まっているかを、二つの語り方で語っている」

「二つの語り方、ですか?」

「そう。言い換えれば、二つのヴォキャビュラリー(語彙)だね。異なる言葉遣いで、自分がここに留まっていることを語る。一つは、自分がどう考えたかを語るもので、もう一つは、自分の体の各部分がどう動いてこうなっているかを語るものなんだ」

「ああ、一方は、こういうのが人として正しい在り方だと思うとか、こうするのがいいと思ったとか、そういうソクラテスの思いを語る語り方ですね」

「そう。だいたい、そう言っていいようなものだ。とすると、もう一方は？」

「ええと、生理学的な語り方とでも言っていいんでしょうか。身体がこういう仕組みになっていて、このような具合だから、ここにこうしているといったような」

「そう。この場合、使われる言葉に大きな違いがあり、それに応じて、同じことを語ろうとするものでありながら、その語りの中身は、まるで違っている」

「はい。わかります」

「こんなふうに、同じことを語るのに、複数の言葉遣いが可能なんだ。つまり、複数の語彙をわれわれは使うことができる。このような意味での語彙の複数性に、ローティはわれわれの目を向けさせようとする。

　こうした語彙の複数性の事例は、いっぱいあってね。例えば、ヨーロッパ中世で優勢となったアリストテレス的な自然の捉え方だと、目的論的な視点が優勢でね」

「え、目的論的、ですか？」

「そう。様々な事象を説明するのに、『なになにのために』という言い方をする。例えばこの動物はどうしてこのような形をしているか。これに答えるために、外敵から身を守る『ため』なんて言うわけだ。ところが、これに対して、十七世紀前半に活躍したガリレオ・ガリレイは、因果関係的な語彙を用いて様々な事象を考えようとした」

「ああ、はいはい。『これこれのために』じゃなくて、これが原因となってこういう結果が生じたと言うわけですね」

「そうそう。そんなふうでね。語彙が違うと語り方が違う。そして、語り方が違うと、同じことが語られているはずなのに、その事柄の違った面が浮き彫りになる。

その違いは、戦争の語り方を取り上げてみると、わかりやすいと思うよ。

戦争は、しばしば、ゲームの語彙で語られてきた。どこに陣を構えているとか、どちらが優勢であるとかね。それだと、どちらが優位に立っているかといったことは、わかりやすい。でもね、それでは、兵士の思いなんかは、まったく伝わらないよね」

「ああ、そうですね」

「じゃあ、兵士や家族の思いは、どうしたら伝わるのかな」

「ええと、彼や彼女の気持ちを表す語彙ですね。そういう語彙を用いて語るわけですね」

「そうそう。ベトナム戦争当時に、『帰らぬ少年兵』という歌が、アメリカでも日本でも流行ってね。その歌では、まだ十代のそばかすの少年が戦場に行ったことを、その少年の彼女が淡々と、しかし、切々と語るんだ。彼からの手紙には、自分は兵士としてここにいることを誇りに思っていると書いてあるけど、やがて一個のメダルだけが戻ってきてね」

「悲しい歌ですね」

「そう。明らかに、これは、反戦の歌なんだ。

で、ともかく、この例でわかってもらえると思うんだけど、同じことを語っても、どんな語彙でどんなふうに語るかで、まるで結果は異なってしまう。そして、こんなふうにね、語彙によって、それがどんな目的に役立つかが異なるということも、理解してもらえるんじゃないかな？」

「あ、はい。おっしゃるとおりですね」

「さっき挙げた、ガリレオ風の因果的な語彙は、将来の事象を予測したり制御したりするのに役立つ。でもそれは、戦争の悲惨さを訴えるのには、あまり役に立ちそうにない」

「そして、兵士や家族の気持ちを表現する語彙は、悲しみを訴えたりするのにとりわけ有効だというのもそれなんですね」

「そうそう。そういうことなんだ。それで、ローティの言う語彙の複数性の考え方の基本の一つが、わかってもらえたんじゃないだろうか」

「はい。でも、基本の一つということは、これにはまだあるわけですね」

「そう。ローティによれば、こうした複数の語り方のどれかが実在の本当の姿をより的確に表しているとは言えない」

「あ、先生、それって、もしかして、真理の対応説を受け入れないことと関係あるんじゃありませんか?」

「おいおい、どうしたの、椎名さん。よくわかってるじゃないの」

「先生、おだてても、なんにも出ませんよ」

「はいはい。それはわかっているけどね。そうなんだ。われわれが実在するものをどう考えるかとは関係なく、実在するものは実在する。そういう考え方は、ある意味であたりまえだけど、ところが、じゃあ、実在がどうあるかを言おうとすると、それは、われわれの考えを表明することにほかならない。つまり、複数の語彙によるわれわれの語りを、それとは関わりなく存在している実在とつき合わせてみて、どれが実在の本当の姿をより的確に表現しているかを見ようとしても、それはできない相談なんだ」

「だから、私たちの語り方のどれが実在により適切であるかを問題にしても、それに答えることはできないということなんですね」

「そう。そのとおり。だから、ローティに言わせれば、どの語彙も、その限りにおいて、同等の権利を持っているというわけだ」

「なんでもいい」ではない

「先生、今のお話、要点は理解したつもりです。どんな語彙を使うかで、語られるべき対象が異なった姿で現れる。そして、ある特定の語彙が当の対象の本当の姿を現していて、他の語彙はそうではないということはない、ということですね。

それはわかるんですけど、それと、基礎づけ主義についての先ほどのお話とは、どう関係するんでしょう」

「そうだね。そこが肝心なところだ。ローティ的に言えば、宗教的な語彙はある目的のためには重要であっても、それが人生に関わるすべてのことを表現する唯一の語彙ということになるだろうか」

「あ、それはそうではありませんね。宗教的語彙と並んで、様々な語彙の使用が可能です」

「そうだよね。だったら、宗教的語彙によって表現される宗教的真理こそすべてとするのは、ローティ的な語彙の考え方からすれば、どういうことになるか、椎名さんはわかるんじゃないかな」

「ああ、わかりました。様々な語彙が同等の権利を持つとしたら、宗教的な考え方がすべていうのは、いかにも思い込みのような気がします」

「そう。語彙に関するローティの見解は、例えば、そのような帰結をもたらすものと考えられる」

「でも、先生、一つ気になることがあるのですが」

「もしかして、ローティのそうした立場だと、なんでもいいになりはしないかと？」

「あ、そうなんです。どんな語彙もその権利において同等だとしますと、どの語彙を用いることに対しても同等の敬意を払わなければならないような……。とすると、収拾がつかなくなるような気がします」

「そうだね。椎名さんのその恐れは、わからないでもないけどね。でも、仮に椎名さんが、戦争で恋人を失った人で、この愚かな戦争をすぐやめてほしいと思っているとするじゃない。そうすると、椎名さんは、ゲームの語彙を用いて我が軍は優勢であると言っている人に、あなたの言うこともっともだと言うだろうか」

「ああ、そうですね。そういう語彙を使って愚かな戦争を鼓舞《こぶ》するのはやめてほしいと思うでしょうね。うーん。なるほど。語彙は同等の権利を持つと言っても、それぞれがそれぞれの目的にとって有利ということで、そうすると、どの目的を今優先するかが、今度は重要な問題になるわけですね」

「そうそう。そのとおり。われわれは、だから、そうした語彙を使うのはやめてほしいと言うことができる。でも、そのとき、われわれは何をしているかというと、実は、自分たちがどのような生き方をよしとしているかを表明しているわけだ。もうそうした語彙を優位におくのはやめて、別の語彙を優先させ、別の語彙で生きようではないかというわけ。だけど、それだったら、特定の宗教的語彙を優先させ、それに従わない者を圧殺しようとする人と同じかというと、そうじゃない。その人たちの場合は、自分たちの語彙こそ、実在とか真理とかを語るための本当の語彙だと思っている。ところが、ローティ的な人は、自分たちがある語彙を優先させようとするのは、歴史的偶然性なのだと思っている」

「歴史的偶然、ですか？　それなら……」

「それなら、元気が出なくなる、かな？」

「はい。ちょっとそんな気が……」

偶然だからこそ

「確かに、そんな気がするというのも、わからないではない。だけどね、それならなぜ当のローティ自身、今のアメリカの現状に対して、激しい意思表明をするんだろう」

「ああ、そう言えば、最近のローティの書き物の中に、アメリカのブッシュ政権を激しく批判するものがありました」

「そうそう。そして、若い人たちに、アメリカという国が本質的に悪い国だったと思わないでほしいと言う」

「え、どういうことですか？」

「あのね、ローティは、ベトナム戦争以来、アメリカには二つの自己イメージが現れたと言う。『自己イメージ』というのは、自分をどう捉えるかということで、ここではアメリカという国が話題だから、自分たちの国アメリカをどう捉えるかということだ」

「その二つの自己イメージというのは？」

「一つは、さっき言った、『アメリカはもともと本質的に悪い国だった』というもの。もう一つは、『アメリカには本質なんかなくて、あるのは、いくつもの理想を実現しようと試行錯誤してきた歴史だけだ』というものでね。ローティは、このあとの方の捉え方、言い換えれば二つ目のような語り方で、われわれの国アメリカを語ろうと言う。そうすると、現政権がどれほど愚かで邪悪なものであろうと、それは悪夢ではあるが、悪夢はいつか醒める。われわれは頑張って、もう一度やり直そうというわけだ」

「なぜ一つ目の自己イメージを拒否しようとするんでしょう。あ、そっか。『本質』という言葉で『悪いアメリカ』を描いてしまうと、残るのは絶望だけになりかねませんね」

「そうなんだ。だから、ローティは、『本質』という言葉を好まない。彼によれば、その言葉は、人を縛るだけなんだよね。その言葉を拒むことで、新たな希望が生まれる。もしかしたら、われわれは、そしてわれわれのアメリカは、別の在り方ができるのではないか。そういうわけだから、ローティは、われわれには本質はないというサルトルの考えを好むんだ」

「あ、知っています。『実存は本質に先立つ』ですね」

「そうそう。われわれは、気がつくと、おのが本質を知ることもなく、すでにこの世界に現実存在(実存)していた、というわけだね。そういうわけで、ローティは、自国アメリカの現状を憂う気持ちに比例して、アメリカの来し方行く末について、明確な発言を行う。だけど、彼の発言が断固としているのは、彼の考えが絶対的真理に基づいていると思っているからではない。そのことは、ローティ自身の最近の論文に明らかに記されているので、その訳をちょっと読んでみようね」

生島は、書棚からファイルを取り出し、ページをめくった。

「ああ、ここだね。

私のようなリベラルは、勝利主義的なパリントン・パラダイムを修正してもよいと思っているが、我が国の本性についての、暴露的な悲観的説明にそれを取り替えたいとは思わない。われわれは良きプラグマティストとして、我が国は歴史を持ってはいるが本性を持ってはいないと考える。その歴史は多くの異なる仕方で物語ることができる。だが、これらの物語は、我が国が本当は何であったかの説明にどれほど近づいているかに応じて等級をつけることができるものではない。これらの物語は、いずれも、我が国の根底に潜むその本性についての知識をわれわれに与えるものではない。この国は、いまなお、試行錯誤しながら自己形成を続けているのである。（リチャード・ローティ「予測不能のアメリカ帝国」より）

ここでは、『勝利主義的なパリントン・パラダイム』と、『我が国の本性についての、暴露的な悲観的説明』とが対比されているけど、これは、おおよそ、さっき言った二つの自己イメージのことなんだ」

「『我が国の本性についての、暴露的な悲観的説明』というのが、『アメリカはもともと本質的に悪い国だった』という方ですね」

「そう。

そして、『これらの物語は、我が国が本当は何であったかの説明にどれほど近づいているかに応じて等級をつけることができるものではない』と言っているよね。複数の語彙により、複数の物語が可能だけど、ローティはそのうちの一つを受け入れるよう、強く求める。でも、それは、彼の語る物語がより真理に近いからと言うわけではない」

「それを受け入れることにより、自分たちの国をこのようなものにしようという思いの強さの現れなんですね」

「そうなんだ。さっき、歴史的偶然性と言ったよね。様々な偶然性の積み重ねの中で、自分たちは今、どれほど腐っていようと、民主主義以上によい社会の在り方を見つけるには至っていない。だから、それよりもいいものが見つかるまでは、その維持と保全のため、全力を尽くさなければならない。真理による保証がないからこそ、それだけ、それを守る努力が必要なんだ」

「だから、社会の在り方に対するローティの発言は、ある種の情熱を余計に持っているわけですね。ああ、そう言えば、彼の発言は、全般的にそんな色彩を帯びているような気がします」

「そう。僕もそのとおりだと思う」

やがて春

「先生、ありがとうございました。なんだか、すっきりしました。お蔭さまで、いい新年になりました」

「ああ、そう言ってもらえると、僕も嬉しいな」

「考えないといけないことがいっぱいありそうですけど、時間をかけて、よく考えてみます」

「それがいいね。しっかり考え直してみてください」

「あ、もうこんな時間ですね。突然お邪魔して、長い時間をいただいてしまい、すみませんでした」

「いやいや、なにかあったら、また遠慮なく訪ねてください。コーヒーとアップルティーしか出ないけどね」

「ありがとうございます」

「あ、それと、春にシュプリンガー先生がおいでになったら、よろしくお願いしますね」

「はい、もちろんです」

ゆかりは生島にもう一度お礼を言って、研究室をあとにした。

ゆかりが帰ったあと、生島は部屋をかたづけて、いつものように、大きなショルダーバッグを肩に、夕暮れの構内をバス停へと向かった。

あとふた月もすれば、京都も春である。

というわけでした。

基礎づけ主義には、大きく二つのパターンがあります。通常は、デカルトのように、絶対確実な知識を土台として、その上に確実な知識を積み上げていくというタイプです。これに対して、われわれの信じていることが本当の知識であるための条件を明らかにするという、カントに典型的に認められるタイプのものがあります。その条件は、絶対に確かなものでなければ意味をなさないと考えられますので、結局のところ、この場合にも、絶対に確かな知識（言い換えれば絶対的真理）を基礎とすることになります。ですが、このような絶対的なものについては、様々な問題が潜んでいます。その主要なものが、本章では提示されています。

デカルトですら、「我あり」を最も確実なものとして確認するために、確実性の度合いの低い他の信念を拠り所としました。このことは、第二章で論じたとおりです。それとともに、仮に絶対に確実な知識があるとしても、それはおそらく一般的な内容のものであり、それを具体的な現場で適用するには、その具体的な場面が当該の絶対的知識に該当するものであることを、別途に判断しなければなりません。そこで、ここに誤りの可能性が出てきます。とすると、仮に絶対的知識を手にしえたとしても、われわれは結局、最終的には自分自身の判断に依拠せざるをえないようです。

この点は、少し観点を変えて言いますと、科学において一般法則の候補を検証しようとする場合に似ています。すでに「解説　その二」（二四三頁）で全体論との関係において触れたことですが、一般法則は、それと具体的な状況把握とを用いて予測を立て、その予測があたっているかどうかを見ることによって、その妥当性を調べます。例えば、すべての惑星が楕円軌道を持っているという仮説を確認するためには、ある物体が「惑星」であることを確認した上で、その物体が楕円軌道を持っているかどうかを調べていかなければなりません。つまり、一般法則を調べるには、それとは別の事柄（例えば、ある物体が「惑星」と呼ばれてしかるべきものかどうか）についても、その妥当性を確認しなければならないことになります。これですと、調べた結果が否定的であっても、一般法則が間違いということには必ずしもなりません。別の事柄についての判断が、間違っているかもしれないからです。このことを考えますと、一般法則は、それだけを取り上げて正しいかどうかを確認することができないばかりか、一般法則が正しいとしても、ある物体にそれを適用しようとすると、その物体が当の一般法則の適用対象であるかどうかについては、われわれが別途判断しなければならず、そのため、一般法則が絶対に正しいものであるとしても、個別の事例についてのわれわれの判断には、間違いの可能性が入り込んでしまうのです。

こんなふうですから、絶対に確実なものを手に入れても、われわれが判断を誤る可能性は常にあるということです。

それと、もう一つ問題となるのは、絶対的真理に従って生きることが非人間的な生き方に見えるということです。われわれは、定まった真理にただ忠実な人生を送るだけです。これが、人間らしい生き方と言えるでしょうか。とはいえ、このような議論は人の感情に訴えるもので、場合によっては、あまり説得力がないかもしれませんね。それでも、私個人は、このような問題こそ、人生において本当に大事なものだと思っているのではありますが。

というわけで、結局のところ、ローティが言うように、私たちは自文化中心主義でいくしかなさそうです。ですが、それでも、今、世界中で、自分たちの信念が絶対であると信じている人がたくさんいます。

生島が言うように、絶対的知識の存在を認めると、人はしばしば自分が今信じていることとこそそれだと信じたくなるようです。このことは、特に宗教に関して言うことができます。そして、こうした絶対的知識の存在を信じる人は、他の信念を抱く者を許さない傾向を、往々にして示します。

そのため、ローティは、一方では宗教的信念の大切さを認めながら、同時に宗教的信念の効力を私的な生活の中に限定しようとします。こうした二領域の考え方は、人間の間での宗教的な争いや抑圧を回避するための、歴史からの教訓に基づく知恵なのですが、これすら、実際には困難を伴っています。私は、他者への抑圧のない社会を目指し、富の再配分によって貧しい者が希望を持って生きられる社会を実現すべきだとする「改良主義者」としてのローティの思想に大いに共感するのですが、それでも、前途の多難さを、ひしひしと感じています。しかしそれでも、人間に絶対的真理を求めさせ、人間が勝手なことをしないよう超歴史的な手かせ足かせとしての「認識の条件」に従わせようとするヨーロッパ近世の考え方に対して、その問題性を指摘することが本書においてできたとすれば、それは間接的にもせよ、解放を求めるローティ（やクワインやデイヴィドソン）の意志に添うことになると思っています。

本章では、こうした話に先立って、自然主義を拒否するフッサールと、それを肯定するクワインのことが話題になります。フッサールは、科学がちゃんとした学問であるためには、その基礎を、科学ではない特別の学問が与えなければならないと考えます。つまり、様々な事柄の「本質」を見極める学問である「本質学」が構築されなければならないとしたわけです。そして、これを構築するための方法として、現象学が構想されました。

フッサールが亡くなったのは、一九三八年のことです。この同じ三〇年代に、クワインはハーバードの院生となり、二年で学位を取得し、ハーバードから奨学金を与えられて、一九三二年にウィーンに渡ります。フッサールがブレンターノに学んだウィーン大学は、のちのちまでクワインの師であり友人であったルードルフ・カルナップが教えたところでもありました。このクワインが、フッサールとは正反対に、科学を基礎づける超科学としての第一哲学を、きっぱりと退けるのです。そして、こうした方向性が、クワインの高弟であるデイヴィドソンの見解とともに、ローティに影響を与えます。

ローティの自文化中心主義が、クワインにしっかりと先取りされていることは、生島が指摘しているとおりです。また、この件については、「解説　その二」でも触れました(二四六頁)。

私自身は、若い頃フッサールに教えられるところが多かったにもかかわらず、哲学の在り方としては、クワイン＝デイヴィドソン＝ローティの路線に深い共感を抱いています。ただ、ヨーロッパ近世哲学の見方に関しては、ローティとは大きく対立しています。ローティは、デカルトやロックがカントとともに、われわれを拘束する認識論的営みの基本を構築したと見るのですが、私はデカルトやロックについては、それとは異なる物語を語るべきだと考えています。ラルフが言うように、デカルトやロックは、むしろ、クワインの先駆者としての線をしっかりと持っていたのです。ですから、クワインがローティの先駆者の一人であるとすれば、ローティは少なくともロックについては、これを敵ではなく、自らの思想のもう一人の先駆者であったとみなすべきだと私は考えています（これについては、まずは Yasuhiko Tomida, *Inquiries into Locke's Theory of Ideas* [Hildesheim, Zürich & New York: Georg Olms, 2001], Part II, Essay VI: 'Locke and Rorty' をお読みいただければ幸いです）。

しかし、そうした見解の不一致があるにもかかわらず、哲学の在り方に関するローティの発言を、私は基本的に支持しています。ローティの考えのうち、とりわけ興味深いのが、本章の最後に取り上げた、語彙の捉え方です。いずれの語彙も、特権的ではない。しかし、それらは、それぞれの仕方で事柄を表現するわけで、どの語彙を用いてどのような物語を語るかは、つまりは、どのような生き方をするかということなのです。ということは、新たな語彙を見出す可能性が開かれているのなら、それは、これまで知らなかった生き方を見つける可能性が開かれているということなのです。人間のこの可能性を、ローティは、次のように表現しています。「われわれは詩的な種であり、その行動——特に、その言語行動、用いる言葉——を変えることによって自らを変えることのできる種である」(Richard Rorty,'Mind as Ineffable', in R. Q. Elvee [ed.], *Mind in Nature* [New York: Harper & Row, 1982], p.88)。ローティのこの見解は、言語の創造性を強調したデイヴィドソンの考えとしっかり繫がるもので、このゆえに、クワイン＝デイヴィドソン＝ローティの流れを、私は新たな「希望の哲学」と捉えています。

本章で取り上げたローティの見解を知るには、リチャード・ローティ『アメリカ——未完のプロジェクト』(小澤照彦訳、晃洋書房、二〇〇〇年)、『偶然性・アイロニー・連帯』(齋藤純一他訳、岩波書店、二〇〇〇年)、『リベラル・ユートピアという希望』(須藤訓任他訳、岩波書店、二〇〇二年)がお薦めです。語彙に関するローティの見解については、拙著『クワインと現代アメリカ哲学』(世界思想社、一九九四年)第III部第三章をご覧いただければ幸いです。言語の創造性に関するデイヴィドソンの見解は、拙著『アメリカ言語哲学の視点』(世界思想社、一九九六年)第I部第四章で紹介しました。また、拙著『科学哲学者柏木達彦の春麗ら』（ナカニシヤ出版、二〇〇〇年）第三話でも、ローティについて論じたことがあります。お役に立てば幸いです。

以上で、ヨーロッパ近世の心の哲学の話は、おしまいです。読者のみなさまには、最後までおつきあいいただきまして、本当にありがとうございました。

＊　＊　＊

本書をもって、生島シリーズ三部作が完結します。この執筆の背後に多くの方々のお支えがあったことは、第二作の最後の記述が示唆するとおりです。最後の一作を世に出すにあたり、私は母校京都大学の恩師である諸先生、先輩方に、心より謝意を表したいと思います。とりわけ、辻村公一先生、故藤澤令夫先生、山田晶先生、竹市明弘先生、山下正男先生、故木曾好能先生の学恩の大きさは、言葉に表せるものではありません。あの頃の大学は、今にして思えば、本当に古き良き時代のそれでありました。すでに他界された先生もおいでですが、今ここに、心より御礼申し上げます。

また、ハーバード留学中に自然主義でよいと納得させてくださった故クワイン先生、若き日に反基礎づけ主義を肯定的に語ってよいと背中を押してくださったローティ先生、そして、私のヨーロッパ近世哲学の解釈を、立場は違うものの、評価してくださり、その研究の続行に大いなる励ましを与え続けてくださったジョン・ヨルトン先生にも、この場をお借りして、もう一度御礼を申し上げたいと思います。

最後に、著者に生島シリーズの執筆をお勧めくださった講談社の上田哲之さん、編集の労をお執りくださった青山遊さんに、心より謝意を表する次第です。

著　者

講談社現代新書　1817
対話《たいわ》・心《こころ》の哲学《てつがく》——京都《きょうと》より愛《あい》をこめて
二〇〇五年一一月二〇日第一刷発行
著者　冨田《とみだ》恭彦《やすひこ》　
発行者　野間佐和子
発行所　株式会社講談社
東京都文京区音羽二丁目一二―二一　郵便番号一一二―八〇〇一
電話　出版部　〇三―五三九五―三五二一
販売部　〇三―五三九五―五八一七
業務部　〇三―五三九五―三六一五
装幀者　中島英樹
印刷所　大日本印刷株式会社
製本所　株式会社大進堂
定価はカバーに表示してあります　Printed in Japan

N.D.C.110 298p 18cm
ISBN4-06-149817-7

「講談社現代新書」の刊行にあたって

教養は万人が身をもって養い創造すべきものであって、一部の専門家の占有物として、ただ一方的に人々の手もとに配布され伝達されうるものではありません。

しかし、不幸にしてわが国の現状では、教養の重要な養いとなるべき書物は、ほとんど講壇からの天下りや単なる解説に終始し、知識技術を真剣に希求する青少年・学生・一般民衆の根本的な疑問や興味は、けっして十分に答えられ、解きほぐされ、手引きされることがありません。万人の内奥から発した真正の教養への芽ばえが、こうして放置され、むなしく滅びさる運命にゆだねられているのです。

このことは、中・高校だけで教育をおわる人々の成長をはばんでいるだけでなく、大学に進んだり、インテリと目されたりする人々の精神力の健康さえもむしばみ、わが国の文化の実質をまことに脆弱なものにしています。単なる博識以上の根強い思索力・判断力、および確かな技術にささえられた教養を必要とする日本の将来にとって、これは真剣に憂慮されなければならない事態であるといわなければなりません。

わたしたちの「講談社現代新書」は、この事態の克服を意図して計画されたものです。これによってわたしたちは、講壇からの天下りでもなく、単なる解説書でもない、もっぱら万人の魂に生ずる初発的かつ根本的な問題をとらえ、掘り起こし、手引きし、しかも最新の知識への展望を万人に確立させる書物を、新しく世の中に送り出したいと念願しています。

わたしたちは、創業以来民衆を対象とする啓蒙の仕事に専心してきた講談社にとって、これこそもっともふさわしい課題であり、伝統ある出版社としての義務でもあると考えているのです。

一九六四年四月　野間省一

哲学・思想Ⅰ

哲学・思想Ⅱ

自然科学・医学

日本語・日本文化